Viaje sagrado
2012: *Hacia un nuevo estado de conciencia*

Viaje sagrado
2012: Hacia un nuevo estado de conciencia

Oscoy

EDICIONES B
GRUPO ZETA

Barcelona • Bogotá • Buenos Aires • Caracas • Madrid • México D.F. • Montevideo • Quito • Santiago de Chile

Viaje sagrado. 2012: Hacia un nuevo estado de conciencia

1ª edición. Septiembre, 2009

© D.R. Luis Ortiz Oscoy

© D.R. Ediciones B México, S.A. de C.V., 2009
Bradley 52, Colonia Anzures. 11590, México, D.F.

www.edicionesb.com.mx

ISBN: 978-607-480-027-2

Gracias a todos aquellos que me permitieron encontrar la llave a la otra dimensión, a la cual realmente pertenecemos, porque así disfrutamos la experiencia de esta vida.

Si con letras puedo agradecer no es mente la que lo hace, es el corazón el que agradece.

Desde un espíritu que decidió encarnar en esta experiencia humana.

Gracias padre, gracias madre por ser el medio por el cual en esta dimensión estoy.

Gracias abuelos y sobre todo gracias abuela por tu amor.

Gracias hermanas porque coincidimos en el mismo útero y seguimos unidos más allá de él.

Gracias a la madre de mis hijos porque con tu ayuda creamos esos maravillosos seres y fuiste fiel compañía y apoyo en mi caminar.

Gracias a mis hijos que al nacer le dieron sentido y responsabilidad a mi vida.

Gracias al premio mayor de mi vida, mis nietos y los que decidan venir.

Gracias a la mujer que me acompaña en este camino y no me deja dejar de ser, pero al mismo tiempo me deja ser.

Gracias a todos los amigos y amigas porque sin ellos no existe un atardecer.

Gracias a los editores, a la editorial porque sin ellos no existe en esta realidad lo que leen.

Gracias, muchas gracias, a los que lo leen.

P.D. No saben qué delicioso y liberador, desde el espíritu, es dar gracias.

Amando sin querer que me quieran
es vivir el cielo en la tierra.

Oscoy

INTRODUCCIÓN

Hace siete meses que se editó el libro *2012. El despertar de la humanidad.* Se encuentra ya en las librerías y resulta increíble como en poco tiempo tantas personas se sienten atraídas a este paradigma. ¿De verdad los seres humanos evolucionaremos hacia algo más respecto a lo que siempre hemos conocido?

Es sorprendente que la mayoría de los lectores expresan un conocimiento previo: "Yo habría podido escribir este libro", "Muchas de las experiencias relatadas de alguna forma me han sucedido", "Ya sabía sobre los temas tratados". Esto se explica por dos razones: unos porque de una u otra forma ya lo habían leído y otros porque sabían que ya lo sabían.

Desde la publicación de *2012*, recibo innumerables correos electrónicos de personas muy interesadas en participar en el Gran Cambio. Están ansiosas de saber más y empiezan a acudir a reuniones de meditación, otras escriben para compartir pensamientos y filosofía. Así, cada uno desde su esencia, percepción y creencias, se unen sin egos para despertar la conciencia.

En este momento, ya se elabora una película sobre el libro, y la entrevista sobre el mismo se transmite a un público de millones de personas en Rusia. También existe el interés de traducirlo al inglés, italiano, ruso y rumano.

Todo eso, más allá del ego, significa que existe el compromiso de más seres humanos para generar el gran cambio. *2012* es sólo un libro que ejemplifica esto. Existen muchos otros en el mundo, así como correos electrónicos, conferencias, talleres y muchos otros medios de comunicación que llevan el mensaje del Gran Cambio a todo el mundo.

Existe un despertar espiritual que no puede frenarse. Es un fenómeno similar a cuando el agua empieza a entrar en ebullición: ya nadie la contiene.

Bajo este contexto, aparece una añosa duda: ¿Tendrían razón aquellos grandes maestros, desde los vedas hasta los filósofos actuales, respecto a que hay algo más que esto que conocemos, por qué todas las grandes tradiciones coinciden en estas fechas y hablan de ese Gran Despertar?

Un número tan grande de seres humanos en situaciones extremas, pueden visualizarse como el despertador de la conciencia mundial, mientras los medios de comunicación pueden representar las redes neuronales que resultan esenciales para producir un solo pensamiento.

En *2012. El despertar de la humanidad*, ya se vaticinaba la caída de la economía mundial como se conocía, se hablaba de las epidemias y catástrofes que sacudirían a nuestro planeta, pero lo más importante: cimbrarían la conciencia de un número cada vez mayor de seres humanos.

En esos seres conscientes, tales situaciones lograrán que emerja en cada uno de ellos el concepto de unidad mundial, ése que sustituirán las actuales nociones de divisiones o grandes poderes.

Como le ocurrió a muchos, durante los últimos meses me siento atraído por el Gran Cambio. Así, después de recibir los correos electrónicos de más de mil personas, me percaté que era el momento de continuar la novela anterior y compartir mi pensamiento con todos.

Como todas las mañanas, entonces, retomo conciencia de esta dimensión y recorro el camino. Después de escribir *2012. El despertar de la humanidad*, adquirí el hábito de revisar mi correo electrónico para encontrar los mensajes de quienes quieren conectarse a través del libro.

Ya no se trata, como antaño, de esperar un correo electrónico de alguien en particular. Ahora, el recibir 20 o 30 mensajes diarios de diferentes personas, me permite conocer otro tipo de pensamientos. Así, al leer cada uno de ellos, es como si la otra persona y yo nos convirtiéramos en una sola. Después de algunas semanas, ya éramos cientos conectados en un solo pensamiento.

Persisten las preguntas acerca de mi verdadero ser, es como una alarma que cada determinados minutos de mi existencia se activa para recordar la cita y el compromiso que adquirí, tal como lo han hecho muchos. Algunos emprenden determinada tarea, otros realizan una diferente. Lo único similar es el fin por el cual la realizamos: participar en el Gran Cambio.

Después de siete meses de mantenerme en ese estado de alerta, tal vez los sueños, la ensoñación, la meditación, el compartir experiencias y pláticas con seres maravillosos de esta dimensión, el grupo de Amatlán, o todo esto en general, me incitó a retomar la conexión con mi computadora y así trasmitir un poco de lo mucho o poco que todos sabemos.

EL REENCUENTRO

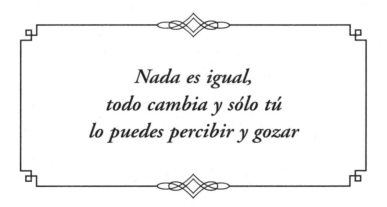

Nada es igual,
todo cambia y sólo tú
lo puedes percibir y gozar

l atardecer comparte sus colores con las montañas que se yerguen majestuosas ante mis ojos. Yo quedo abstraído de sus figuras, energía y alto magnetismo. De manera paulatina, a través de la ensoñación, abren sus puertas para permitir que el espíritu ingrese a sus entrañas.

—*¡Hola de nuevo! Bienvenido. Gracias por aceptar otra vez la invitación.*

El Maestro de Luz en ese instante se encontraba acompañado de seres de energía de pensamiento, no de percepción sensorial, lo que permitiría establecer una comunicación más allá de la dualidad y el ego.

—*¿Quieres saber más, como siempre?* —indagó.

—*¿Y quién no deseará esto?* Tal vez nos asusta saber más, porque implica ser menos como creíamos que éramos. Y si no somos ante nuestros ojos, ¿dejamos de ser? Pero, ¿no será ese "dejar de ser" la llave para descubrir quienes somos en realidad?

—*Si abrí o no la puerta del saber no tiene importancia como tal. Lo importante es pensar que la abriste y que si lo que aprendes es bueno para ti y para quienes te rodean, entonces vale la pena.*

El espacio era enorme. Una gran bóveda con millones de luces de todos colores me rodeaban. Lo curioso es que se trataba de luces que existían dentro de mí, no estaban fuera. Ese ábside generaba la sensación de que un pequeño yo observara desde mi ser al otro ser dentro de ese espacio, cuya forma era semejante a un cráneo humano. Ese singular lugar rodeaba mi esencia y percepción. En mi interior pululaban miles de pensamientos. Éstos me rodeaban y se comunicaban conmigo. Cada uno de ellos aparecía como un gran Maestro.

Ahí no existían rostros ni cuerpos, solo sutiles ideas que cambiaban dentro de esa bóveda la iluminación.

De forma paulatina, el crisol de colores que llenaba el espacio, comenzó a adquirir tonalidades cada vez más profundas, hasta adquirir un color rojo brillante…

Ese tono bermellón, entonces, apareció como un espejo que reflejaba mi ser y me cuestionaba sobre qué era esta dimensión terrenal, cómo y para qué tener que sobrevivir y cómo lograrlo en esta experiencia corporal.

Repentinamente ya no estaba ahí. Mi ser se transportó a otro lugar en un momento…

¿Qué pasaría y cómo vería la vida si viviera sobre ella?

Cada instante la luz cambiaba, cada breve lapso temporal mis ojos percibían el horizonte diferente. El sol poco a poco recorría su camino hacia el ocaso. Mi mente se perdía en las tonalidades de mi entorno, en esa belleza perceptible sólo a través de un estado de paz y armonía.

Los colores naranjas y ocres, se fundían con la diferente gama de azules que reaccionaban con los rojos, violetas, morados y rosados. La montaña era un punto de referencia con su majestuosidad y su naturaleza infinita e indescriptible. Con todos los colores reflejados en un instante, de manera inopinada, aparecieron rayos de luz que semejaban una corona o aura infinita que transmitía: "me voy para volver, pero nunca seré igual, así que hoy disfrútame en este esplendor, porque así es todo esto que tú percibes. Nada es igual, todo cambia y sólo tú lo puedes percibir y gozar".

—Pero ¿por qué sólo yo puedo hacerlo?

—Porque sólo tú en este momento eres tú. Nadie más puede ver, oler, sentir, percibir por ti, sólo tú.

Y así poco a poco el sol se ocultó. Paulatinamente ese disco maravilloso, dios de todas las culturas, disminuyó hasta no ser. En el instante que desaparecía, le pedí un deseo a Él, Ra o Tonatiuh.

—"Como quiera que te llamen, concédeme Tú, que eres y siempre serás Luz, eso que siempre he querido."

Y ahí, cuando sólo era ya un diminuto punto, me respondió:

—"Concedido".

Lo único que le pedí era saber quién soy.

Con ese éxtasis de plenitud sólo quedaba dejar que mi cuerpo y mente desaparecieran en la muerte del sueño de cada día, y me dejé ir, con la certeza que mañana de nuevo existiría.

Dios está dentro de ti

Al dormir, sin embargo, no dejé de vivir. Mis sueños condujeron a mi mente a una nueva vida de percepciones. Durante el sueño mi mente experimentó lo que nunca lograba en la rutina diurna. ¿Por qué así, por qué sólo durante el sueño y no en la vigilia, quién vivía de verdad, mi día o mi noche, o los dos a la vez? ¿Sería porque al acabar el día condicionaba la aparición de la noche o sería que podría vivir plenamente ambos ciclos?

De pronto mi mente se preguntó: "¿Quién eres, el que vive el día, aquel que existe en la noche, será eso "la noche oscura de los tiempos"? Porque frente a tal interrogación me encontraba solo, porque quien preguntaba era yo, o ¿no era yo, sino alguien más? ¿Pero quién más sino yo, a menos que existiera otro yo?

Tales cuestionamientos durante el día, distrajeron mi atención. Mi mente exigía que le diera una explicación:

—Eres médico, sabes de Neurofisiología, ¿acaso desvarías? ¿Por qué de pronto no sabes que eres tú? ¿Por qué inopinadamente te preguntas si existe alguien más dentro de ti?

Ese tipo de discurso me llevó a la palabra *duda*, ¡pecado capital, por supuesto!… ¿Qué puede encerrarnos más dentro del sufrimiento que la incertidumbre? ¿Estoy bien, estoy mal, mi cerebro funciona coherentemente o pasó algo que eliminó mi control? Estoy por llamarlo de alguna forma "un estado esquizoide" en donde ya no sé quién soy o si de verdad soy.

Todo eso pasó por mi mente racional. Lo que hice fue refugiarme en mis amigos conocedores del funcionamiento cerebral. Al día siguiente pedí cita con uno de los mejores expertos en neurociencias. Mis peticiones fueron:

—Dime por favor si estoy bien o no. Por favor detecta si algo dentro de mí se trastornó y padezco neurosis, psicosis, esquizofrenia o algo más.

Lo primero que recibí como comentario del médico fue una rotunda carcajada.

—¿Por qué vienes con esa duda? Eres una persona normal, exitosa, responsable y aun así, ¿tienes ese tipo de cuestionamientos?

—Es que entiende, amigo mío, de pronto, y no sé por qué, como por arte de magia, dejé de ser yo y experimento como si otro yo penetrara en mi mente y me observara, ¿no te parece esto una conducta psicótica o esquizoide?

—Bueno, concuerdo contigo. Si crees que existe algo más allá de lo que es tu yo o tu ego, podemos pensar en este tipo de patologías. Para que estés más tranquilo haremos algunos estudios.

Después de efectuar algunas pruebas psicológicas me realizó un electroencefalograma para ver qué sucedía dentro de esa masa compuesta de grasa, agua, neuronas y otras sustancias que pesan en promedio entre kilo y kilo y medio.

¿Cómo se realiza un electroencefalograma? Colocan en el cuero cabelludo varios electrodos, que son los que captan en cada parte de tu cerebro cómo funciona a nivel eléctrico. De esta manera pueden saber si existe algo anormal. Después de una hora de estar conectado a ese aparato, observamos los resultados. ¡Qué tranquilidad se experimenta cuando no exista ningún dato de anomalía eléctrica que muestre alguna función no coherente del cerebro! En mi caso así fue.

—Bueno, amigo mío, todo parece estar bien. No hay nada que hable de alguna lesión o dato que muestre que orgánicamente tu cerebro esté mal. Sin embargo tengo que comentarte algo que no es normal.

Inmediatamente la duda y el miedo aparecieron en mi escaparate de esta dimensión. El médico dubitaba, hasta que finalmente, sin mucha convicción explicó:

—Lo que sucede es que existe algo que no concuerda con lo que se conoce. Es como si dentro de tu cerebro existiera otro cerebro al mismo tiempo.

—¿Qué me estás diciendo? Eso no es lógico. ¿Es como si dos cuerpos físicos ocuparan el mismo espacio al mismo tiempo?

—Pues sí, ésa sería una respuesta muy lógica para lo que encontramos. Algo pasa dentro de ti, como si otro ser existiera al mismo tiempo.

—Eso que existe al mismo tiempo dentro de mi cerebro o de mi mente, ¿qué es?

—No sé, es, como otro cerebro dentro de tu cerebro —añadió titubeante, consciente de la endeble explicación. Se notaba sumamente incómodo. Él mismo acababa de hacer añicos los dogmas médicos.

Así, para no incomodarlo, le di las gracias y salí del consultorio. Mis dudas él no podría resolverlas.

¿Quién más puede estar dentro de mi cerebro si no soy yo? Ésta es la clásica pregunta que todos nos haríamos. ¿Pero la respuesta existe o es tan sólo una ilusión?

Alguna vez alguien, en estos cien mil años, realizó la siguiente pregunta: ¿Existe alguien más que nuestro pensamiento y nuestra razón? Creo que la respuesta surge de inmediato: desde el momento en que el *homo sapiens* aterriza sobre la madre tierra ese tipo de preguntas.

La efectúa siempre.

Bueno, ¿pero alguien en estos miles de años la ha respondido o por qué siempre la pregunta ha quedado en el aire? La respuesta siempre ha existido pero no la hemos comprendido o, peor aún, no la hemos creído, percibí en el silencio. Decidí entonces relajarme y cuando logré absoluta serenidad de inmediato aparecieron las siguientes palabras emitidas sin sonido:

La respuesta siempre ha existido y es: "Dios está dentro de ti". ¿Pero qué significa ese tipo de respuesta, cómo es posible pensar que algo tan increíble, impensable, inexplicable, infinito y maravilloso esté dentro de ti, cómo al interior de este cuerpo tan finito, tan explicable, tan lábil, tan poca cosa, que después de algunos años desaparece, cómo puede estar Dios dentro de ti? —osé entonces cuestionar. Aún más, en el pensamiento expuse:

Porque lo que sabemos es que sólo somos lo que somos: un puñado de células unidas que, al conjugarse, crean un cuerpo, una materia, una mente, que te hace transcurrir por esta existencia humana animal y ¡ya!, que durante este trayecto de vida experimentas placeres, desgracias, pensamientos, emociones y un sinnúmero de vivencias que crean esto que todos vivimos como una realidad. Eso es la existencia humana. ¿Para qué pensar más allá de sólo eso?

Entonces esa voz silente que partía de mi propio interior aseveró: La respuesta es inmediata, porque tal vez sólo eso es lo que la mayoría ha creído y así limita la experiencia de vida.

Pero, ¿de verdad puede existir otro tipo de vida o experiencia que no sea sólo ésta? Algunos grandes maestros ya lo habían dicho, pero ¿por qué no lo habíamos creído o entendido, estará la respuesta en la pregunta y es que tal vez algunos la entendieron y no la quisieron explicar, o será que sí la quisieron pero no la pudieron explicar, estará todo el secreto del ser humano contenido dentro de estas pocas líneas, que existe otro yo que no es el yo que conocemos, que no es el yo que queremos, que no es el yo que nos hace sentir cómodos y no incomodarnos en nuestro día a día, porque es mucho más fácil fluir con la corriente que explicar qué es y por qué existe la corriente?, cuestioné de inmediato. Nuevamente recibí una respuesta.

¡Vamos!, te invito a penetrar dentro de este tipo de pensamiento, en donde ya no existes tú como siempre te has concebido, encuentra a ese ser maravilloso al que siempre, consciente o inconscientemente, has buscado. Pero para encontrarlo, ten paciencia, apertura de mente, entendimiento y, sobre todo de corazón.

La exhortación me atraía, aunque aún albergaba dudas. ¿Quién me hablaba y por qué lo hacía? Nuevamente esa voz silente interrumpió mis cuestionamientos al insistir:

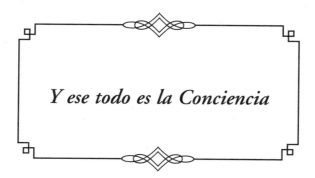

Y ese todo es la Conciencia

Te invito a que conozcas al otro yo. ¡Es maravilloso!

De repente diferentes voces que reconocí como grandes Maestros comenzaron a llenarme de ideas.

Ese otro yo existe desde hace miles de años como una pregunta: ¿Por qué el miedo de dejar de ser es el más grande de todos?

En la cultura oriental Ramana MaharShi y Sri NisaRgadatta Maharaj, gurúes hindúes ya hablaban de ese "otro yo", recordé, y en Occidente Jung y Ken Wilber, también coincidían en su pensamiento para poderlo explicar. Porque no es "el otro yo" que generalmente asociamos al ángel o el diablito de Tribilín, personaje de Walt Disney. No. No es ése que es nuestra mente, y que de pronto nos hace reflexionar entre una decisión u otra.

"Ese otro yo está en una mayor escala respecto al Yo superior que representa. Se trata de algo que supera las fronteras de la mente racional y penetra en un espacio desconocido e infinito. Así, al Yo superior podríamos llamarlo la conciencia, el grado inmediato superior sólo podríamos encuadrarlo como la conciencia de la conciencia o "el conocimiento del Verdadero Ser". Resulta importante hacer esta diferencia para evitar pensamientos antisociales, fanáticos o esquizoides.

"Es decir, se eliminan creencias erradas como el ser diferente a los demás, ostentar superioridad o argüir que se poseen potenciales únicos e irrepetibles.

Muchas veces, medité, bajo este tipo de pensamientos subyace un velo de fracaso existencial, emocional o social. Así, es muy fácil refugiarse en este tipo de pensamiento para olvidar que nuestro aquí y ahora implica una responsabilidad que debemos asumir y conlleva el empleo de la voluntad y nuestro máximo esfuerzo.

La voz de la luz prosiguió: entonces debemos evitar el ego espiritual que es más dañino para nosotros y para el resto en relación con otro tipo de egos en esta dimensión. Comprendamos que, de lo que hablamos, no está ligado ni al poder ni a la supervivencia, es de verdad la razón por la cual fuimos creados. Ya es tiempo de que despertemos y comprendamos que es ésta la verdadera evolución del ser.

Pero antes de analizar las ventajas de despertar a esta nueva posibilidad de vida, tratemos de comprender que es en sí ese *self junguiano* o ese ser de Ramana, invitó el Gran Maestro.

Una forma fácil de entenderlo es compararnos con las matruschcas, dijo. Esas muñecas parten desde una pequeña muñeca sólida envuelta por otra a imagen y semejanza de la anterior, que contiene a su vez una más grande. Al abrirlas, vamos desde la más grande que contiene a todas, hasta que llegamos a la más pequeña.

Nosotros somos la más pequeña, la sólida, intuí. Somos esa matruschca de tercera dimensión, la muñeca newtoniana, aquella que todo mundo conoce y que puede ver. Es más pesada que las otras, y en ella todas las moléculas están tan pegadas que su forma, desde la física convencional, es una estructura de tercera dimensión. Ésta es entonces la que compartimos con el resto de los animales vegetales y minerales del planeta y del Universo.

La única diferencia entonces entre esta muñeca humana y las demás, es que ésta tiene conciencia, y gracias a ésta se puede dar cuenta de que existe como tal. ¿Pero somos sólo esa muñeca o, como en la matruschca, hay algo más?, indagué.

"Por supuesto que existe otra muñeca que contiene a la primera y que es igual a ésta. La diferencia es que la que sigue no es sólida; es hueca, porque sólo así puede contener a la primera. ¡Entre ambas existe un espacio! La segunda es igual a la primera; la diferencia es que como no es sólida, no está sujeta a las leyes físicas que determinan o marcan su inicio y su fin. La segunda es etérea, hueca, sin consistencia, tan real pero sin la densidad de la primera.

"Esa segunda matruschca sería entonces la que

se daría cuenta de que está más allá de la esencia de la primera, y al trascender esta conciencia, se da cuenta que es no sólo lo que es, sino que es más allá de lo que es, que es 'mi yo más allá del yo'. La última matruschca, la que encierra a todas y a la vez contiene a la primera, 'la esencia'; el ego, el yo, el que creo que soy, pero que soy a final de cuentas el todo. 'Y ese todo es la Conciencia'. Pero observar esa Conciencia como tal sólo es posible mediante la conciencia de la Conciencia, que es de nuevo mi yo más allá del yo. La evolución del ser, el *Self*, el todo. 'Dios' o como quieras llamarlo".

Aseguré entonces: Somos lo mismo pero no lo mismo, porque esa contiene, sólo observa, no se engancha, ni sufre, ni se apega a esta tercera dimensión. Esa disfruta, observa y goza desde su envoltura y contención. De alguna manera noté que mi percepción era correcta. Así proseguí:

El problema existe en quedarnos en ese espacio entre la primera y la segunda matruschca, en donde sólo existe el vacío, en donde sólo están nuestros pensamientos.

A esa nada que existe entre las dos muñecas, continué, podremos llamarle cuarta dimensión, aquella que Einstein llamara espacio tiempo. En esa cuarta dimensión están nuestros pensamientos y los de todos los hombres que existieron y viven desde que aparecimos en este planeta como *homo sapiens*. Contiene entonces esa información de miles de años y de miles de millones de cerebros humanos, porque como el pensamiento no es materia, sino vibración, no muere ni desaparece, siempre existirá. Así toda esta vibración, toda esta información, vendría a ser el Internet humano, el inconsciente colectivo *junguiano*, contenido entonces en esa nada entre las dos muñecas.

Inexplicablemente supe que el Maestro asentía. En esa gran serenidad capté el resto de la explicación que me conduciría a descubrir quién era yo. "Ahora la muñeca más pequeña, la que parecería la más insignificante, paradójicamente es al mismo tiempo la esencial, aquella que es una unidad indivisible, que es la semilla y el fruto de todas las anteriores. Es la menor y sin embargo da origen a todas. Su papel es análogo al Gran Uno, la Gran Mente, el fragmento de Dios que está en todos y cada uno de nosotros y en cada parte de nuestros pensamientos y corazón, esa esencia que permea cada dimensión en la que nos desenvolvemos.

Somos un fractal de Dios

"Ese pedacito de la Gran Mente, es el sinónimo de la vida que todos llevamos cosida a la piel. En esa cuarta dimensión, donde ya no existen las leyes de la tercera sobre el principio y el fin, los pensamientos de cien mil años que están siempre en ella no desaparecen. Por eso, cuando queremos salir de la primera matruschca, lo que encontraremos de inmediato será lo que Jung llamó el Inconsciente Colectivo o suma de pensamientos universales".

No pude evitar preguntar: ¿Qué pasa cuando me olvido de la matruschca en un rincón de mi consultorio? Se empolva y se llena de telarañas, como una nata que poco a poco la envuelve. En una ocasión esto ocurrió y ahora me fuerza a imaginar: ¿No viviremos también en una especie de polvo psíquico que nos cubre y hasta nos ahoga sin darnos cuenta?

"La nata de pensamientos humanos, dijo esa voz que cada vez captaba más nítida en el fondo de mí mismo y que me orilló a continuar la idea: Esto implica que como sólo somos un pequeño paso evolutivo

en relación con las demás especies animales y vegetales, estamos muy apegados a la supervivencia y el
miedo. Es por eso que tal vez más del 95 por ciento
de nuestros pensamientos, como diría Buda, son del
tipo no coherente o destructivo. En ese momento
supe que el Maestro continuaba a mi lado y me ani-
maba a continuar.

"Esto es terrible, porque nuestras 'antenitas' del
cerebro reciben información de todo lo que pasa, y
no se limita sólo de lo que vemos, oímos, olemos o
tocamos. También recibimos información de lo que
otros seres humanos piensan o pensaron hace un día o
hace miles de años. En la cuarta *dimensión* no existe
materia como tal, sólo vibración cuántica.

"Es como si nuestro cerebro fuera un radiotrans-
misor que todo aquello que piensa sale al aire, como
saldría un sonido o imagen de una televisora, pero
al mismo tiempo somos como ese aparato de televi-
sión que recibe esos sonidos y esas imágenes.

"¿Cómo saber en qué canal pondremos nuestro
televisor si lo que existe en el aire no es si no miedo
y sufrimiento? Hay muy pocos canales que mandan
información de amor y paz.

"'Un mensaje para las radiotelevisoras del mundo.' Por lo visto esa cuarta dimensión está llena de
esa información. Por lo mismo, si mantenemos nues-

tro yo conectado a esta primera matruschca, será muy difícil desprendernos de esa nata de miedo y sufrimiento. Percibí un asentimiento.

"Llegar a la segunda matruschca es romper con las leyes de la tercera y cuarta dimensión, porque al tomar conciencia de esta otra muñeca pasamos, por llamarlo así, a una quinta dimensión. En un momento indeterminado, las ideas emitidas de la voz silente del Maestro se mezclaron con las mías o yo pude captar sin tropiezos el mensaje. Al final la idea resultaba muy nítida y se desenvolvió a un ritmo análogo al de mi propia respiración.

"Aquí no se encuentra el cuerpo ni la mente. Se trata de una dimensión del espíritu, porque cuando penetramos por fin en esa segunda muñeca nos damos cuenta que existe una tercera, una cuarta, en fin, percibimos por fin que al final lo que encierra a todas las muñecas es una gran muñeca, es ¿Dios, la Gran Mente, el Gran Espíritu?

"No importa entonces cómo lo llamemos, lo importante es que percibimos que somos iguales a esa grande y que además esa grande nos contiene, que somos infinitos igual a ella, y lo más importante en esta tercera dimensión, es que tenemos el mismo potencial creador de amor y belleza.

"Tomamos conciencia entonces de que somos un

fractal de Dios. Es decir, una pequeña parte que es igual a la gran parte. Es como observar un brócoli. Si vemos un brócoli, éste tiene una forma y cada parte de él tiene la misma estructura. Pero si arrancamos poco a poco; de más a menos cada parte de esta planta, veremos que es igual a la planta completa. Así, por más que vayamos a lo más pequeño, siempre será igual a la gran parte, a esto se le llama un fractal.

"¿No seremos entonces eso, un fractal de Dios? No somos como la matruschca que es igual. La más grande es similar a la más pequeña en forma y esencia. Muchos grandes maestros en estos miles de años nos lo han dicho; pero el problema es que no lo hemos creído. Ahora, desde un pensamiento lógico y racional, analizaremos qué beneficios podría generarnos en nuestra vida cotidiana este tipo de pensamiento.

"Porque, como analizaremos, el beneficio no será tan solo personal. Cuando lo entendamos y practiquemos no nos ayudará solamente a nosotros mismos, en ese instante ayudaremos y cambiaremos a nuestro mundo como tal.

"El conocimiento me llegaba de indeterminados puntos interiores. Comprendí entonces que la petición al Sol era la explicación a todo esto. Me estaba conduciendo a cumplir mi deseo: saber quién soy. Cuando descubrí esto recordé que *hace unos días recibí una información por mail*. Decía que la ciencia ya encontró las primeras pruebas de que el Universo es holográfico. Es decir, hay una señal que muestra que lo mismo que se encuentra aquí existe 'a la vuelta de la esquina' del sistema solar. Que a miles de años luz de distancia, es decir del otro lado del Universo, existe exactamente lo mismo sin ningún cambio, aunque se encuentren en lugares opuestos y, reitero, a miles de millones de años luz de distancia. Si recordamos que es un holograma en donde cada una de sus partes contiene a la totalidad, es por eso que lo que sucede en un punto del Universo afecta inmediatamente y sin que la distancia intervenga a la integridad del mismo.

"Ahora que aparecieron estos datos, se puede hablar de que en cada parte de nuestro Universo está representado el todo. Esto confirma la enseñanza ancestral de 'Todos somos uno'. Si el Universo es holográfico, el cerebro también lo es y también nuestro cuerpo es un holograma en el iris, en la planta de los pies, la palma de las manos y hasta en las zonas más sagradas que son nuestros órganos genitales. Cada terminación de nuestro cuerpo contiene y representa a la totalidad, lo que incluye enfermedades y bondades infinitas.

"Esto es: un fractal y un holograma representan los dos lados de la misma moneda: una estructura organizada jerárquicamente, que se repite hasta el infinito, como también la completa interrelación entre las partes y el todo de cualquier cosa, sin distancia ni tiempo entre los elementos. ¡La comprobación de la quinta dimensión más allá del espacio tiempo al alcance de la mano!"

DESDE LO FÍSICO

No te pierdas en el ego.
Sólo déjate ser
y disfruta el momento

Tenemos un cuerpo maravilloso en el que cada una de sus partes funciona mejor que cualquier máquina creada por el hombre. Iniciemos con las articulaciones que dan movimiento a nuestros huesos, anunciaba desde el silencio esa "voz" que atribuí al Sol. "Sólo veamos una mano. Al observarla y moverla resultan sumamente sorprendentes todos los tipos de movimientos que podemos realizar. Flexionar y estirar. Movimientos laterales independientes un dedo del otro". En este momento estoy escribiendo en una lap top y me encanta ver los movimientos de mis dedos al presionar cada tecla, y cómo, de manera independiente, los dedos de la mano izquierda y de la derecha presionan el teclado. La rapidez con la que lo haga será la práctica y el tiempo que le dedique a escribir.

- ¿Pero todos podemos hacerlo? —involuntariamente inquirí.
- Claro, como todo en la vida, sólo es cuestión de práctica.

Tú en este momento estás leyendo este libro, observa tus manos; cómo con delicadeza pueden tomar la siguiente página y darle vuelta. Cómo, al mismo tiempo, tienen también el potencial y la fuerza para cerrar de golpe el libro y ya no leer más. (Espero que no lo hagas, es un chiste.)

Ésa es nuestra mano tan importante en la evolución de las especies, pensé. "Sólo la mano del humano tiene la facilidad de tener la *oposición* del pulgar, nuestras manos pueden crear una obra de arte, tocar y construir también. Reflexiona sobre la belleza en una caricia, la capacidad de las manos que, al estrechar otra mano, logran transmitir amor, seguridad y servicio. Nuestras manos que pueden tomar un cuchillo y cortar un cuerpo humano para extirpar un tumor o para reconstruir un cuerpo dañado".

"Pero también existen las manos que pueden golpear o destruir, ¿qué puede en un instante terminar con una obra maestra que tal vez tomó años crear? Esas manos pueden tomar un cuchillo y, en lugar de curar, acabar con la vida de la máxima creación de belleza del planeta: el ser humano. Y también existen las manos que con sólo apretar un botón o firmar un papel, pueden acabar no sólo con un ser humano, sino con nuestro mundo".

¿Dónde reside entonces la diferencia entre esos dos tipos de manos? —volví a interrogar y la respuesta fue: "Cuando acariciamos, cuando creamos belleza, cuando saludamos con amor y confianza, cuando sanamos con nuestras manos, ¿no está detrás de ellas nuestro pensamiento que conocemos de este yo mental? Seguramente atrás de ellas, está otro pensamiento más importante: "mi yo más allá del yo".

"Esas manos que pueden crear todo lo maravilloso, se convierten cuando tú lo decidas, en un instrumento, desde esa quinta dimensión, para poder hacer cosas increíbles, y no solamente hablamos de cuestiones materiales, si por un momento ellas fueran parte de esa otra matruschca y fuera ella la que las dirigiera. ¡Podrías entonces colocarlas sobre otro ser humano y sanarlo!"

Ante mi momentáneo azoro, el Maestro de Luz al que atribuí el nombre de Tonatiuh, dijo: "Sé que esto suena de nuevo elitista, que sólo algunos pueden hacerlo, pero, de nuevo, ¿qué tienen algunos diferente a otros?, nada, absolutamente nada, es sólo el no conectarte más allá de lo conocido. ¿Por qué no pruebas después de 21 días de estar en un trabajo de auto observación, y a alguien que tiene algún dolor corporal le colocas tus manos?, pero no desde tu cuerpo o tu mente, sino que imagines que esas manos están conectadas más allá de tu yo, y sin dudar, sólo con la intención de sanar, te sorprenderás con el resultado.

"Pero cuidado, no te pierdas en el ego, sólo deja de ser y disfruta el momento. Es como si, al colocar la mano, estuvieras contemplando un atardecer desde tu espíritu, así déjalo ir, deja que la experiencia pase y ya. No te quedes de nuevo en el apego de que logré algo increíble, porque otra vez aterrizarás en el ego de esta dimensión".

Entonces continuó: "Ahora imaginemos en nuestro cuerpo la sangre que recorre cada parte del mismo, visualicemos como avenidas y pequeñas calles de una gran ciudad todos nuestros vasos sanguíneos, cómo los automóviles recorren esas grandes avenidas y dan vuelta y llegan a calles más y más estrechas, pero al final de cuentas regresan a las grandes avenidas.

"Esos automóviles, dijo, son nuestros glóbulos rojos y blancos, el sistema inmunológico. Son similares a los camiones de bomberos que van a apagar un incendio. Si existe algún bloqueo en alguna de las calles o avenidas, esos bomberos no podrán llegar al incendio porque, como existe tanto tráfico, tal confusión en esa gran ciudad y los semáforos no están coordinados, no permiten fluir la circulación.

"Por otra parte, en esa imaginaria ciudad, existen algunos choferes neuróticos que no permiten que pasen los automóviles en una encrucijada y de esta forma se hacen colas enormes que retrasan el avance de los camiones de bomberos.

"Nuestro cuerpo es como esa gran urbe en donde los semáforos ya estaban sincronizados y de pronto alguien toma el control de ellos y crea un caos. Ese alguien sería nuestra mente. Imagina que quienes no permiten que todo mundo avance, sino primero ellos, son nuestras emociones no coherentes".

De nuevo la voz interior y mi pensamiento parecieron fundirse. Las ideas emergían dentro de mi.

Sólo deja fluir
las emociones
que sean coherentes

"Ese incendio (cáncer) de pronto se da en cualquier parte de tu cuerpo. Si los bomberos, nuestro sistema inmunológico, nuestros glóbulos blancos, pueden circular libremente, llegarán y de inmediato apagarán ese fuego, ese cáncer. Pero ¿qué pasa si nuestra mente y nuestras emociones no coherentes impiden o vuelven loco al tráfico de nuestro cuerpo? Por supuesto que nunca llegarán los bomberos a tiempo y en vez de apagar el incendio de inmediato, como lo harían con una pequeña fogata, ésta empezará a crecer hasta que sea incontrolable y ni todo el cuerpo de bomberos podrá apagarlo.

"Todos los días, en todos los momentos, se crean esas fogatas en nuestro cuerpo, pero siempre, o la mayoría de las veces, nuestro bombero (sistema inmunológico) las apaga. El problema es dejar que crezca, y esto ocurre porque nuestra mente, nuestras emociones no eran coherentes, estaban enganchadas al miedo, a la ira, al sufrimiento".

—¿Cómo evitarlo?

—Después de 21 días de auto observación, dejarás que tu cuerpo, esa máquina maravillosa, sea independiente. Ya no existirá nadie que interfiera en los semáforos, esos choferes no coherentes, o emociones de miedo, cada vez serán menos, porque tú analizarás tus reacciones emocionales, y dejarás fluir aquellas que son coherentes, que son necesarias. Porque por algo se llaman de esa manera, *emociones*, de moción, movimiento. Sin ellas todo permanece estático, pero hay que dejar fluir sólo las emociones coherentes, las que no lo son, permite que paulatinamente sean menos. Esto, reitero, lo lograrás sólo desde el espacio en donde se te observa, desde la segunda matruschca.

"Existe otro tipo de enfermedades que no están relacionadas con el sistema inmunológico pero que también las podemos analizar desde este punto de vista.

"Imaginemos de nuevo esa gran ciudad que es nuestro cuerpo. En ella sólo circulan vehículos contaminantes y existe demasiado tráfico. Ambos factores generan gran contaminación. La analogía con nuestro cuerpo puede ser que en lugar de circular sustancias o químicos útiles, como las endorfinas, todo el tiempo lanzamos al ambiente sustancias como el cortizol o la adrenalina del miedo o la ira.

"Esas toxinas llegarán al hígado, páncreas, estómago e intestinos. Por supuesto que empezará a dañarlos irremediablemente. Así sus paredes empezarán a descascararse, se desmoronarán hasta que por fin caigan.

"Ahora imagina que en lugar de esas sustancias nocivas empiezan a circular elementos que renueven cada órgano corporal. ¿Sabías que cada siete años todas las células del cuerpo se renuevan? ¿Por qué entonces no logramos que sólo existan componentes útiles como la endorfina?

"En la lógica es posible, pero no podemos llevarlo a la práctica si no lo conocemos".

Lo que la voz del Maestro de luz revelaba, mi conocimiento y práctica médica de casi 35 años lo avalaba.

"La tensión es otra gran causa de enfermedades. Es algo útil como las cuerdas de una guitarra. Si no existe determinada tensión no puede sonar armónica esa cuerda, pero si se incrementa no sonará bien y hasta se romperá.

"Por otra parte, si está demasiado floja tampoco emitirá un sonido armonioso, pues esa tensión en nuestro cuerpo es como muchas líneas de electricidad en él.

"Si tensamos mucho un cable de electricidad, se romperá y no llegará luz a alguna parte de la ciudad, si está demasiado flojo, se retrasará en llegar la corriente eléctrica. Como una ciudad, nuestro cuerpo requiere de electricidad para que todo funcione bien. ¿Pero qué tensa esas líneas de electricidad o qué las afloja de nuevo, es nuestra mente o nuestras emociones?

"Si estamos tensos, tensamos esos cables, si estamos en depresión, los aflojamos. Como sea, no funcionan bien, y esto nos pasa todos los días. Cuando contemplamos la vida desde este yo, todo lo que sucede nos tensa o nos deprime. ¿Qué pasa cuando "mi yo más allá del yo" empieza a observar? Las tensiones desaparecen, la depresión se va, porque todo eso está relacionado con vivencias de esta dimensión, de pérdida, sufrimiento, ira o miedo.

"En el momento en que te observas desde ese otro yo, todo pasa a segundo plano y tu cuerpo por sí solo crea la tensión exacta para que las notas armónicas de esas cuerdas de la guitarra funcionen y emitan ese sonido de sanación".

El Maestro me invitó a buscar en mi pasado inmediato algo que nos pudiera dar una idea más clara de esto.

Hace tiempo tuve una experiencia que puede servir de ejemplo, reconocí y comencé a recordar. Después de algunos días de mucho trabajo en el quirófano, empecé con dolor de cuello y nuca por tensión y por no emplear al otro yo. En lo personal puedo operar con el yo de esta dimensión, que es el que aprendió a operar, pero también es factible para mí, durante la cirugía, observar a este yo desde el otro, y en ese momento disminuye la tensión.

¿Por qué desciende? Porque el otro yo sabe que éste ya conoce lo que tiene que hacer —por algo lo aprendió— pero los miedos, emociones y dudas, impiden que todo fluya. Entonces, claro, la tensión aumenta y todo se descompone. En ocasiones es tan fácil emplear al "yo más allá del yo" que parece increíble. En una ocasión quien siempre está a mi lado en las cirugías, me hizo ver que yo no respiraba mientras operaba. De inmediato solté una carcajada: ¿cómo no voy a respirar?, ya estaría muerto.

Su respuesta fue: "es que no estás respirando en conciencia", "ah, eso es diferente", lo entendí y, claro, al poner en práctica esto tan sencillo, el cansancio y la tensión desaparecen, porque cuando estás consciente de tu respiración es la primera y tal vez la forma más importante de conectar con la otra matruschca. Por algo, todos los tipos de meditación se basan en eso tan simple que es tomar conciencia de tu respiración.

Comentaba que cuando no empleé el consejo de que participara en mi trabajo mi yo más allá del yo, la tensión apareció y el daño en el cuerpo también.

El daño podría ser algo tan simple como una pequeña contractura de los músculos del cuello que en dos o tres semanas desaparece, pero en lugar de dejar fluir al cuerpo entró la mente.

Así comencé a cavilar: Bueno, qué tal si no es una contractura, qué tal que si por mi edad (cerca de los sesenta años) en lugar de esto ya existe una lesión en mis vértebras cervicales y empiezo con un proceso degenerativo llamado espondilo artrosis. Este tipo de problema hace que cada vez el dolor sea más intenso, se duerman los brazos, no puedas mover el cuello… en pocas palabras: te veas incapacitado.

Todo eso pasó por mi mente, porque como médico conoces todo eso, de no ser así jamás lo habría pensado. Como diría la abuela: "bendita ignorancia".

Pero no fue así. El conocimiento de esta posibilidad generaba que en lugar de desaparecer el dolor fuera cada vez más intenso, y mientras aumentaba, mi mente se apegaba más a la posibilidad de algo terrible.

La forma de saberlo era muy sencilla: tomar una radiografía y ver qué sucedía, pero de nuevo me embargó el miedo. No tomó la radiografía, ¿qué tal que si tengo espondilo artrosis? Postergué la decisión hasta que un día vi a un amigo médico ortopedista. Su diagnóstico coincidía con el mío y sugirió tomarme una radiografía. El temor se incrementa cuando otro médico concuerda con una mala posibilidad. Empero, el dolor era tan intenso que no tuve más opción que hacerlo. Mientras esperaba el resultado, la tensión y el dolor eran mayores. En el momento de ver la radiografía y observar que sólo era una contractura muscular, que las vértebras estaban bien y que no existía ningún dato de espondilo artrosis, sólo entonces, el dolor desapareció y no volvió a presentarse.

Esto no sólo lo menciono para explicar cómo la tensión puede enfermarnos, sino algo más grave:

cómo los monstruos, imaginarios o no, creados por nuestra mente, pueden empeorar cualquier situación en nuestras vidas.

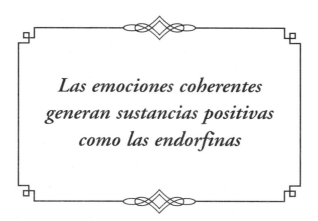

Las emociones coherentes generan sustancias positivas como las endorfinas

Esa presencia perceptible solamente a través de una voz interior, pareció sonreír. Acaso sólo fue una fugaz chispa de luz, pero al instante la comunicación continuó:

De nuevo en la gran ciudad, alguien de repente anuncia que un monstruo acaba de penetrar en ella.

En el primer caso pensemos que sólo se trata de una fantasía de alguien que creyó verlo, pero la noticia se difunde en la urbe y en unas horas los habitantes hablan del ente que va acabar con ella.

Por supuesto que el tráfico se volverá loco, los bomberos no podrán llegar a ningún incendio, las sus-

tancias tóxicas de adrenalina y cortizol impregna-
rán el ambiente, la tensión aumentará hasta romper
las líneas eléctricas y la depresión hará otras partes
que caigan por completo. Todo esto conllevará a la
destrucción total de la ciudad, ¿y todo por qué, por
un ser imaginario?

¿Nos hemos puesto a pensar cuántos peligros irrea-
les existen en nuestra mente y cuántos producimos
todos los días?

Alguien podrá decir: ¿qué pasa si el monstruo es
real? Esto puede suceder, claro, ¿pero qué pasaría si
empleamos la idea de que está en la quinta dimensión? La ciudad (nuestro cuerpo), no entraría en
pánico y permitiría que los bomberos (sistema inmunológico) controlaran al potencial peligro… Al circular en el ambiente sólo sustancias coherentes, como
la endorfina del amor, facilitaría que aquellas casas
que se hubieran destruido se reconstruyeran lo más
rápido posible. Al no existir tensión o falta total de
la misma, la electricidad llegaría para poder susten-
tar y darle luz a esa casa que fue derruida.

Muchos colegas tal vez esbocen una sonrisa ante
esto, pensé, pero los grandes maestros de la medici-
na sí lo creían, lo que pasa es que de nuevo el ego
impide que tal verdad se divulgue.

¿Cómo yo, que estudié muchísimos años de mi

vida, voy a permitir que la gente se sane por sí sola, para qué sirvieron entonces tantos años de estudio y sacrificio, para que ahora no sirvan de nada?

La opción de auto sanación es mejor. ¿Por qué no emplear ambas? Mientras el ser humano aprende a curarse a sí mismo, hay que ayudarlo, pero también permitirle que él haga lo propio.

Un futuro ideal sería que los médicos, con todo el conocimiento científico, coincidió la voz, también emplearan la otra parte del ser humano, su espíritu. Así habría *Médicos* que sanarán con los conocimientos aprendidos desde esta tercera dimensión, pero conectados todo el tiempo con su otro yo más allá del yo.

MIS RELACIONES

enetremos ahora a un punto álgido, anunció la voz silente entre mis cavilaciones. "Pocas cosas nos afectan tanto como nuestras relaciones interpersonales. Los problemas con el padre o la madre, con los hermanos, hijos o pareja, con compañeros de trabajo, líderes políticos… En esta parte es interminable la lista de posibilidades, porque sólo un monje perdido en una cueva del Himalaya puede librarse de esto.

Tal vez durante un solo instante me sedujo la idea y el Maestro al percibirlo indagó:

"¿Te gustaría librarte del beso de un ser querido, de la sonrisa de un hijo, de la mano afectuosa de un amigo? ¿Te gustaría librarte de tantos momentos bellos que conllevan las relaciones interpersonales? Por supuesto que no. ¿Pero qué hacer para que no te afecten y no te hagan sufrir? Puedes ir a múltiples sesiones de terapia. Pero al final siempre existirá una piedra en tu zapato. La solución entonces es: quítate los zapatos.

”¿Qué quiero decir con esto? ¿Naciste con zapatos? ¡No! ¿Son parte de ti? ¡No! Entonces quítatelos y observa desde fuera quién está dentro de ellos… Inmediatamente me dirás: pues soy yo, es mi cuerpo, mi ego, mi todo. De acuerdo, pero ¿quién está contempla al ser que está dentro de los zapatos? No es ya tu cuerpo o tu ego, es alguien que te observa desde más arriba.

”En esta parte muchos pueden decir: es el *yo superior*. De acuerdo, puedes quedarte ahí, pero creo que ése de alguna forma también está sujeto a las leyes de esta tercera y cuarta dimensión, porque está relacionado con el inconsciente colectivo, o sea, con los pensamientos de todos.

”Por ello ve más allá y obsérvate de nuevo desde la segunda matruschca y veremos qué pasa”.

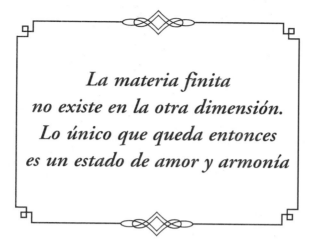

La materia finita
no existe en la otra dimensión.
Lo único que queda entonces
es un estado de amor y armonía

Cuando concluyó la frase yo sabía la respuesta. Hace algún tiempo una amiga me pidió un consejo.

—No sé qué hacer, porque desde hace muchos años llevo una relación terrible con mi madre. Casi no nos hablamos y la mayoría de las veces, cuando nos vemos, peleamos. Las dos hemos asistido a terapias, pero aún así no resolvemos nada. Ella dice tener la razón, pero en realidad yo la tengo. El problema es que tenemos que hacer un viaje las dos solas y éste durará dos semanas. Iremos a Europa para checar algunas propiedades. Imagínate, ella y yo solas durante 15 días, nos vamos a acabar matando. No sé qué hacer.

Mi respuesta fue la siguiente:

—Imagina que antes de que nacieras en esta matruschca, tú eras otra, la segunda. Y decidiste experimentar lo que era la tercera dimensión, y claro, desde el no apego y miedo de la segunda, escogiste el padre y la madre que te traerían en corporalidad a este tiempo y espacio. ¿Quién es el responsable, tus padres o tú que los escogiste?

—¿Pero por qué los iba a escoger como son?, lo lógico es que los hubiera escogido maravillosos, que todo fuera perfecto.

—En la otra matruschca todo es perfecto, ¿por qué tenías que escoger que todo fuera perfecto e igual que en la otra, qué caso tendría experimentar esta otra dimensión?

—¿Quieres decir —dijo ella— que con esto podemos explicar las enfermedades de los niños pequeños que no están sujetos como nosotros a los apegos mentales o emocionales y que de cualquier manera enferman?

—Creo que sería una forma de explicarlo, vivir en esta dimensión ese tipo de problema es parte de la experiencia humana que decidimos experimentar.

—Suena muy lógico, el problema es mi viaje y no creo que con tan sólo eso pueda en este momento resolver mi conflicto.

—¿Que pasaría si desde tu otro yo crearas un escenario diferente?

—¿Qué quieres decir? —me preguntó.

—Imagina que acabas de recibir una llamada del médico de tu madre. Sólo a ti te da el diagnóstico de que ella tiene una terrible enfermedad y sólo le quedan escasos tres meses de vida.

Eso fue todo lo que le dije y no la volví a ver hasta dos meses después.

Cuando la vi de nuevo, ella de inmediato me abrazó y me llenó de besos.

—¿Qué sucede? —pregunté—. ¿Por qué tan feliz?

—Mira, me fui de viaje con esos dos pensamientos, el primero, que yo la había escogido desde antes de nacer, y segundo, que sólo le quedaban tres meses de vida. Para empezar hice un esfuerzo y nos fuimos en primera clase a Europa. Todos los días por la mañana había una sonrisa en mis labios y antes de decirle buenos días la llenaba de besos. Claro que ella estaba extrañada y no sabía lo que pasaba. De inmediato me empezaba a cuestionar, pero mi respuesta eran más besos y cariños. Todo el tiempo, en mi mente existía la realidad de que ella moriría en tres meses y yo tenía que disfrutarla y amarla antes de que partiera. Lo único que puedo decirte es que nunca en toda mi vida he llevado una relación tan plena con mi madre como en esos 15 días. Lo más increíble es que ella no va a morir y que seguimos llevándonos de maravilla.

¿Qué sucedió aquí? Es simple: cuando empleamos nuestro yo más allá del yo, nuestros egos y culpas desaparecen, y en ese momento lo único que queda es un estado de amor y armonía como debe existir en esa otra dimensión.

—¿Por qué podemos asegurar que sólo eso exista en la otra dimensión? Miedos, iras, apegos y sufrimientos existen porque tenemos este cuerpo, esta materia, todo lo que percibimos. Estamos aparentemente conscientes de que esto es todo y la palabra *apego* surge de inmediato. Esa palabra, como su nombre lo indica, lo único que hace es pegar cada día con más fuerza a nuestra mente y a nuestra emoción esta realidad.

En una dimensión más elevada, mencionó la voz silente de mi interior, la materia finita, como la conocemos, no existe, porque es como la segunda matruschca, en donde se carece de ese tipo de pensamientos o emociones… ¿Cómo podemos imaginar que esté sujeta a las limitaciones de nuestra mente?

Por eso podemos hablar de que en la quinta dimensión, por llamarle de alguna forma, el ser, el *verdadero ser*, está libre de ese tipo de pensamientos o emociones no coherentes porque no existen, dijo el Maestro que enviaba el Sol.

Así, como el ejemplo con la amiga, confirmó, podíamos realizarlo con cualquier otra persona en nuestras vidas.

Primero: Yo escogí conocer a tal o cual persona para aprender y crecer; yo y sólo yo, soy responsable de la relación que vivo, porque, repito, yo la elegí.

Cuando me doy cuenta de esto conscientemente desde mi otro yo, observo que ya aprendí lo que tenía que aprender, me libero del sufrimiento, y al mismo tiempo que me libero, disfruto al otro ser que es igual que yo.

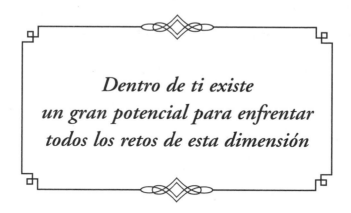

Dentro de ti existe un gran potencial para enfrentar todos los retos de esta dimensión

Desde el otro yo más allá de esta dimensión dual, todo está unido como en la física cuántica; si de pronto ante cualquier persona que nos haga daño o lastimemos percibimos desde dentro de nosotros, no desde la mente, no desde la emoción, sino desde el corazón que él o ella también soy yo, inmediatamente nuestra percepción de esa realidad, de ese problema dará un giro de ciento ochenta grados.

Esto no implica que permitas que abusen de ti, ¡no!, pero te aseguro que la próxima vez que exista un problema con alguien, si de pronto te visualizas en él como si fueras tú mismo, entenderás su enojo, sufrimiento, y desde ahí podrás dar la mejor solución al problema.

De inmediato relacioné, cuando uno de los grandes maestros, Jesús, decía que pusieras la otra mejilla. Era eso, la otra mejilla es tu otro yo, tu otra matrushca, la que observa, la que entiende, la que puede resolver cualquier problema si tiene solución, la que puede aceptar sin sufrir cuando un conflicto carece de alternativa y entiende que si se presentó en su camino representa una oportunidad para aprender.

No sé como tuve la certeza de que el Maestro de la voz silente aprobaba mis reflexiones. Sin embargo, acotó: No se trata de realizar prácticas estoicas. La felicidad es cada instante de tu vida que emplea la voluntad y tu esfuerzo para ser feliz. Si para serlo tienes que trabajar para ganar dinero, hazlo, porque así tu y otros más se benefician. Porque recuerda, tú elegiste vivir esta experiencia humana, no para experimentar el sufrimiento, sino para que a través de tu cuerpo, emociones y mente, el espíritu experimente. No lo olvides, vivir es voluntad, vivir es dar un poco más de ti cada día, aquello que no se usa en el cuerpo se atrofia, no atrofies tu cuerpo y tu mente desde la comodidad del ser complaciente.

"El verdadero ser, el que quiere experimentar esta dimensión, no se da por vencido, porque sabe que dentro de él tiene todo el potencial para resolver las encrucijadas que le plantea esta dimensión".

Así, me dije, ¿por qué tenemos que recurrir a un terapeuta cuando se presenta un problema con la pareja, con el padre o con el hijo, por qué recurrir a un médico cuando estamos enfermos?

—Porque estamos tan inmersos en nuestro yo, que aparentemente no podemos ver la solución.

La perfección está dentro de nosotros

"De nuevo al ejemplo de la ciudad. A causa de tantas emociones no coherentes, a causa de nuestros miedos y monstruos mentales, la ciudad es un caos donde no se puede circular más.

"La única solución es crear un segundo piso donde los automóviles puedan hacerlo fácilmente y los bomberos llegar a cualquier incendio y apagarlo de inmediato. Desde ahí todo fluye mejor.

"La opción es crear un segundo piso en nuestro yo. Sin embargo, esa nueva vialidad puede llegar a congestionarse porque está expuesta a los mismos factores contaminantes y de estancamiento que el circuito subyacente.

"La solución entonces es un helicóptero que desde el aire observe los congestionamientos y nos avise de las vías posibles de circulación.

"Ese helicóptero es, en ocasiones, el terapeuta, el amigo, el médico… todo aquel que no está encerrado dentro del problema y puede ver una salida".

—¿Cuántos años más necesitaremos de alguien o de algo externo para salir del embrollo, cuándo vamos por fin a volar en nuestro propio helicóptero, ése que representa la otra mejilla de la que hablaba Jesucristo, la otra matruschca, mi yo más allá del yo?

En el silencio que parecía envolverme descifré

que el helicóptero no está sujeto a las leyes del tránsito terrestre y puede ver todo desde arriba sin engancharse, y si puede hacerlo, podemos entonces observar el problema y las soluciones que existen.

Desde arriba podemos detectar que si el problema no tiene solución, es que pertenece a esta dimensión y como ésta, es pasajero.

Lo que importa es desde dónde observamos: desde el helicóptero, desde el otro yo, desde donde pase será finito, porque lo único que es para siempre es mi yo más allá del yo.

¿Por qué, si es posible lograr esto, no lo hacemos, por qué, si dentro de cada uno de nosotros está la solución, no la encontramos? Todas las religiones hablan de esto, mencionan lo mismo. ¿Dónde nos perdimos, o dónde se perdieron las instituciones religiosas?

La perfección está dentro de nosotros y maestros y profetas lo dijeron. ¿Qué pasó entonces que lo perdimos o tal vez no supieron explicarlo?

Intuí entonces las respuestas o ya me había acostumbrado a esa voz interior que atribuía a la concesión del Sol. Sin juzgar, sólo al observar las instituciones religiosas como tales, detectamos que sabían de este gran potencial, pero eran constituidas y diri-

gidas por seres humanos como todos nosotros, sujetos a las leyes de esta dimensión, en la que impera
el poder, apego, miedo.

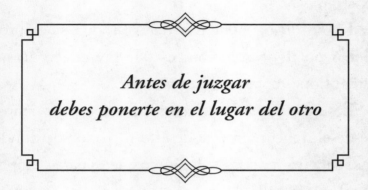

*Antes de juzgar
debes ponerte en el lugar del otro*

Así las instituciones tenían que defender su
personalidad, familia y entorno, porque sólo de esta
forma aseguraban su sobrevivencia. Sin embargo,
dentro de ellas temían que no podrían alcanzar lo
que los grandes maestros lograron.

Igualarlos significaba un gran esfuerzo, una gran
voluntad. Por favor no juzguemos, la mayoría nos
encontramos en ese mismo nicho de confort. Menos
esfuerzo, máxima retribución, y así era mejor basar-
se en el esfuerzo del maestro o el profeta y dejarte ir
con esa inercia.

Esto era sólo una parte del iceberg, la otra, y con
justa razón, tal vez entendía que la mayoría no estaba

lista para tomar cada uno las riendas de su propia existencia. Esa era la verdad, porque era la que permeaba en el inconsciente colectivo.

No juzguemos entonces a los líderes religiosos porque, como mencioné, antes hay que ponerse en el lugar del otro. Imagina una barbarie, una falta de conciencia, y desde esa realidad, de pronto diles a todos que tienen el gran potencial, que pueden lograr lo que los grandes maestros, todos pueden ser fractales de Dios.

Podría suceder que entonces todos retomaran su poder y desde él todos podrían olvidar este ego y vivirían la gran experiencia del cielo en la tierra. Sin embargo, ¿qué pasa si, por el contrario, cada uno desde el ego de esta dimensión inicia un camino de súper ego y destrucción?

Es probable que no se cavilara en esta segunda hipótesis y la respuesta esté en la primera opción. Si tengo el conocimiento de que soy más de lo que todo el mundo cree que es, en ese momento puedo ser superior al resto y tener más poder.

Imaginemos en un instante que sólo tú conoces la receta de una sopa maravillosa cuyo sabor es exquisito, que no existe nadie en el mundo que pueda rechazarla. Cuando la preparas, el mundo entero se maravilla y regocija con su sabor. El mundo es feliz con esa sopa. Eso trae a tu mente la felicidad de poder dar a los demás una probadita de cielo.

Entonces el cielo lo conocen los demás a través de Tí. Esto es gratificante. Aparentemente fuera de culpas y prejuicios te cuestionas: ¿cómo puedo perjudicar al resto si les doy una probadita de cielo y son felices, y además les digo cómo no lastimar a los demás?

Tu ego de esta dimensión no se ve afectado por la culpa. Al contrario, haces un bien. Pero ¿está en tí lo que los demás deban ser, o debe ser cada uno el que descubra a su verdadero ser, qué pasaría si esa receta se diera a todo el mundo?

Si así fuera ya nadie necesitaría de ti para encontrar la salvación y el Cielo. Tú serías olvidado, ya no importarías, ni tendrías ingresos monetarios desde esta dimensión, porque ya no podrías vender la sopa de cielo.

Analicemos entonces y no juzguemos que esto tal vez pudo suceder. Tomemos el lugar del otro y asumamos que no puede existir ego más grande y gratificante que el espiritual.

¿Pero cuál es la otra opción?, desde el análisis de otra dimensión, ¿qué pasaría si todos los gurúes, sacerdotes, chamanes y magos que dedicaron toda su vida al conocimiento de algo más que lo que es, de pronto, desde el otro yo, observaran un panorama diferente?

Todos los templos del mundo, católicos, judíos, musulmanes, hindúes, budistas, chamanicos, todos, en general, abrirían sus puertas y juntos hablarían de una verdad única. No existiría la razón o la verdad en la dualidad, sólo existiría en la unidad del pensamiento unificado del Amor...

A partir de ese momento, la mayoría de los seres humanos se volcarían a todas las religiones y templos del mundo para encontrarse con su yo verdadero, porque para hacerlo, por el momento sí es importante un espacio de paz, magia, armonía y Amor que sólo encuentras en los lugares que las religiones crearon.

Todos los seres humanos estamos despertando...

Codo a codo, pensamiento a pensamiento, corazón a corazón, alma con alma, todos juntos en pos de una sola meta: lograr la unidad del ser humano a través de la espiritualidad del ser. La religión, en su origen, marcaría el regreso a la gran fuente, que es única y carente de divisiones.

Desde el pensamiento global de este planeta, creo que todos los seres humanos estamos despertando y pedimos a todos los grandes líderes religiosos que asuman su responsabilidad, que se liberen de ese ego falso, porque sólo así serán salvos.

Despierten de una vez por todas aquellos que crearon las guerras, quienes construyeron fronteras, los que marcaron las divisiones, por fin únanse.

Nunca en esta dimensión podrán obtener más satisfacción que ser los creadores de una nueva humanidad, y esto, seamos claros, no está en nosotros, está en ustedes, porque ustedes se lo ganaron a través de mucha voluntad, esfuerzo y estudio. Son entonces sólo ustedes, la piedra filosofal, los alquimistas, quienes por fin podrán crear el oro en todas las almas.

El oro, ese metal radiante que refleja los rayos del sol, que es valioso no sólo por su esencia sino por su existencia como tal, sean entonces los que muestren al mundo que dentro de nosotros existe ese gran potencial.

Manden al mundo un mensaje de unión, no de guerra, donde proclamen que todos seremos salvos independientemente de nuestra creencia religiosa. Manden esa señal que pueda verse en todos los confines del universo, porque al final el universo existe dentro de nosotros. Porque si nosotros existimos el universo **existe**.

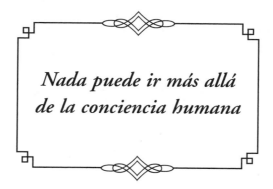

Nada puede ir más allá de la conciencia humana

Cuando los hombres que están al frente de esas grandes instituciones religiosas logren la unidad y conciencia, ¿qué sucederá en la de los grandes líderes políticos de la tierra?

Nada puede ir más allá de la conciencia humana. Entonces, la unión desde el espíritu generará que los dueños de la mayoría de los recursos económicos del planeta empiecen a cuestionarse. ¿Valgo porque soy el que más tiene, o existo porque soy el que más puede dar?

Cuando ellos retomen la esencia de que no son

lo que son, que su parte que los hace pensar, ser inteligentes y poderosos está fuera de esta dimensión, entonces entenderán que nada puede existir desde la materia y el poder del yo como lo conocemos, no existe en la otra dimensión.

Sin embargo, si podemos llevarnos de aquí la satisfacción de entender lo que en verdad soy, y sólo a través de dar lo puedo entender, sólo así nuestro espíritu permanecerá en calma y no necesitará de más experiencias en esta dimensión.

*Lucha cada instante
por tener un poco más,
pero no pierdas la senda*

Brincar esa brecha de ego implica encontrar el paraíso en la tierra. Bienaventurados aquellos que poseen el control material, del poder y de todo lo que aparentemente los demás carecen, porque ellos, mientras más tengan, más podrán dar, para que al final, al encontrarse con las manos vacías, puedan recibir lo que siempre vinieron a buscar: su razón existencial.

Si tú crees que nada tienes, recuerda que sólo en el vacío recibes, pero no te consueles, no te conformes con el no tener.

Lucha cada instante por tener un poco más en todos los aspectos, pero nunca pierdas la senda del camino, la brújula de la intuición, en donde la meta del caminar es una: encontrar lo que somos, y recuerda, no somos lo que siempre creímos que fuimos, somos algo más, algo que no tiene final, algo que está escondido en el lugar más fácil de encontrar.

Estamos en un momento increíble de la historia del ser humano sobre el planeta

Mueve tu mente y tu emoción de nuevo al corazón y ahí encontrarás la respuesta, no taches de cursilería lo que estas palabras te indican, recuerda quién eres y de dónde vienes y así ustedes, grandes magnates del planeta, grandes dirigentes del mundo, puedo asegurarles que cuando llegue el último día de sus vidas, ese instante que espero lo vivan en conciencia, puedan declararle al mundo y a su ser, que no fue un desperdicio de tiempo, que no fue una pérdida de existencia, que no fue pasar sin pasar, porque los talentos con los que fueron creados sirvieron para transformar desde la alquimia del mago mayor la existencia material del ser humano al oro deslumbrante de la espiritualidad consciente.

Todo resulta perfecto, todo puede ser real, pero, ¿cómo transmitir un pensamiento de amor y congruencia? Estamos en un momento increíble de la historia del ser humano sobre el planeta. Nunca antes las sincronías astronómicas se establecieron para poder vivir lo que ahora podemos experimentar como humanidad.

Los mayas, sumerios, indios hopis, Nostradamus, la Biblia, todos hablaban de este momento, de este instante en la existencia finita de la humanidad. Estamos en la punta de la pirámide, estamos por fin maduros para poder caer como la manzana del árbol.

Pero, ¿caer es malo, significa el fin? Desde la física newtoniana, sí, desde la física que entendimos, tal vez. No obstante, caer en otro sentido es desprenderte del ego creado por ti y por todos, deslindarte de tus creencias y vivencias.

—¿Somos todos Lucifer, el ángel que por su ego perdió el cielo y el paraíso? —medité. La respuesta me reconfortó:

—Lucifer, diablos, magia negra, miedos, sufrimientos, están sólo en nuestro inconsciente colectivo, dentro de un ADN que no puede despertar, son análogos al ADN del ángel caído que llegó a la tierra y las condiciones de la misma no eran ideales en vibración y armonía para poderlo despertar. Así durante milenios el ADN durmió, hasta que por fin Lucifer, a ese ser humano con su ADN dormido, le llegó el momento de alta vibración planetaria, de alta vibración y sincronía galáctica.

Vive esta dimensión
con toda la pasión,
con todo el amor...

"Lista la tierra, listo el abono, listo el todo para que pueda florecer, para que pueda convertirse la semilla en árbol y la oruga, por fin pueda, después de miles de años, transformarse de crisálida en la mariposa que puede traspasar los umbrales de esta dimensión.

"Durante los últimos miles de años se preparó la tierra, espera que surja, desde lo más profundo de las entrañas del planeta, el nuevo ser, un ser sin miedos, ni divisiones, cuyo único *principio* es el amor incondicional, un ser cuya única preocupación material es que me recompensen en la medida de mi esfuerzo, no en relación al trabajo de los demás.

"Vive esta dimensión con toda la pasión, con todo el amor. Supera las barreras que te sujetaban a ese animal humano que no podías trascender. Experimenta la magia del otro ser, porque sólo así comprenderás y entenderás por qué decidiste, hace miles de años, aterrizar en este maravilloso planeta y vivir la experiencia humana.

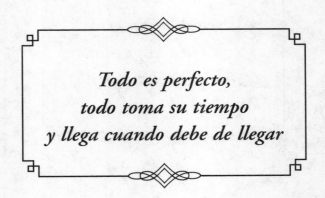

Todo es perfecto,
todo toma su tiempo
y llega cuando debe de llegar

"Recuerda: todo es perfecto, todo toma su tiempo, todo llega cuando tiene que llegar, pero para que todo eso suceda, tú tienes la voluntad y el esfuerzo para lograrlo. Entonces serás premiado con el amanecer de un nuevo concepto de vida: el cambio, la paz, la guerra, el sufrimiento, el miedo está dentro de cada uno de nosotros.

"El mundo no puede cambiar si tú no cambias primero, porque ni el mundo ni el universo existirían si tú no vivieras.

"Alguna vez te has cuestionado ¿qué afortunado eres? Porque dentro de los millones de posibilidades de esta dimensión elegiste vivir el aquí y ahora, y dentro de los millones de opciones orgánicas se dio que tú aparecieras en esta dimensión?

"Así, ¿estás aquí para observar o para despertar y ser parte del cambio? Responde la pregunta, no esperes que alguien más lo haga por ti.

"Madura, toma la responsabilidad de tu realidad y asume que tú decidiste experimentar esta vida humana, que tú tienes conciencia de cada momento de esta existencia, y que también, si así lo quieres puedes lograr un cambio.

"Cuando vives en conciencia, ¿has pensado por qué puedes moverte de un lugar hacia otro? Cuando vives en conciencia, ¿has analizado por qué de pronto estás triste? Cuando vives en conciencia, ¿indagas por qué disfrutas de un bello atardecer?"

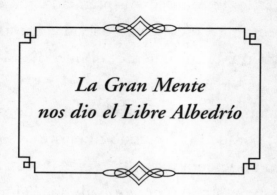

La Gran Mente
nos dio el Libre Albedrío

—¿No todo mundo puede disfrutarlo?

—Si, todo mundo puede, pero solamente tú lo experimentas en ese momento, nadie puede hacerlo a través de ti, del mismo modo que nadie experimenta más que tú el primer aliento y el último expiro de vida. Entonces, ¿qué esperas?

"Si sólo tú desde la conciencia puedes experimentar el todo que te rodea, ¿por qué entonces, desde ahí, no puedes conformar el todo a tu antojo o es más fácil experimentar el todo como finito, como sufrimiento o vivirlo como placentero o maravilloso?

"La Gran Mente, la gran matruschca, nos dio dentro de todo algo maravilloso en donde ni ella en todo su increíble potencial, tan maravilloso, es posible como para crear el universo. No quiso quitarnos lo más increíble, porque al hacerlo, tal vez desde su gran sabiduría, sabía que nada existiría si nos despojara del libre albedrío.

"Así, puedes ser el más pobre de los pobres, el más enfermo de los enfermos, puedes estar en este momento encerrado tras las rejas de la prisión, pero te tengo una noticia: eres el ser más libre del universo, porque sólo este ser consciente que existe en este instante, sólo este ser humano que está leyendo estas líneas, sólo él tiene el gran poder de saber qué es y no es".

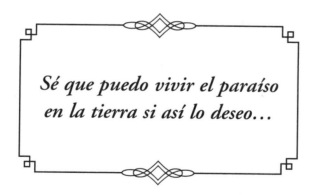

Sé que puedo vivir el paraíso en la tierra si así lo deseo...

En el silencio que prosiguió, entablé este diálogo conmigo mismo. Sabía, de alguna manera, que el Maestro no diría nada más por el momento:

¿El universo siempre será?

No sé.

¿La tierra como tal existirá? No sé.

¿Yo existiré mañana?

No sé.

¿Dios existe?

No sé.

Lo único que sé, es que yo existo en este momento y que yo tengo el poder más grande del universo y puedo acceder al misterio más grande de la creación. En este instante que escribo y en este momento que lees; sólo yo y sólo tú, si hacemos conciencia, sabremos que mi yo va más allá del yo: es la única solución, la única respuesta que hará que tome responsabilidad de mi existencia; y al mismo tiempo, tomo conciencia de que puedo vivir el paraíso en la tierra, si así lo deseo.

La voz en mi interior, esa que yo creí de un Maestro enviado por el Sol, sólo entonces replicó:

"Como final de la historia, te pido te cuestiones por un momento: ¿El universo, como lo ves, de verdad existe?, la realidad, como la detectas, ¿así es?, La enfermedad, como la concibes, ¿es verdad?, los dogmas, como los asumes, ¿están?, el poder económico, como estructuras, ¿es real? Y en sí, todo lo que en estos años de tu vida percibes, ¿de verdad existe o sólo tú lo has creado?

"¿Entonces estás conforme y complacido con lo que has hecho o puedes desde el otro ser, desde la otra matruschca, crear algo más? Crees, si eres un fractal de Dios, ¿que sólo esto es lo que puedes crear o puedes, a partir de hoy, despertar y retomar tu poder, saber tu fuente, reconocer tu talento seas quien seas, no importa tu estatus, no importa tu color, no importa tu nacionalidad, no importan tus dogmas?

"¿Eres eso que creíste que eras o eres algo más que sabías que podrías ser y que nunca te diste el tiempo o la oportunidad de reconocerte?

"Sólo te pido que reflexiones, que te tomes un instante, que percibas como en un atardecer ¿quién es el que está observando?

"Recuerda por favor que no es el que creías, ése ya lo hemos conocido durante miles de años, ese Lucifer caído debe 'pasar de moda'.

"Reencuéntrate, reconéctate entonces con lo que de verdad eres: mi yo más allá del yo.

"Porque sólo desde ahí, sólo desde ese poder, no sólo Tú podrás cambiar, también lograrás transformar tu mundo. No habrán más falsas ilusiones, seudo profetas, míticos dogmas, no existe entonces otro fractal más perfecto e idéntico a Dios que tú mismo desde la observación de tu ser desde otra dimensión.

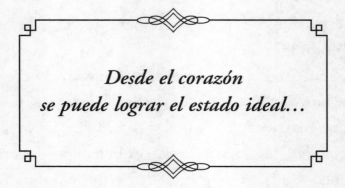

Desde el corazón
se puede lograr el estado ideal…

"Desde la intuición y conexión con otros maestros, desde el corazón o como quieras entenderlo, la forma o la llave para lograr llegar a ese estado ideal para la gran fecha es la siguiente:

"A partir de mañana, y durante los próximos 21 días de tu vida, tienes que hacer esto. Desde que despiertes, observa quién lo hace. Eres tú por supuesto, pero trata de verlo desde arriba, como si te subieras a una silla y te observaras. Cada instante de tu vida no lo vivas más en automático.

"Hay alguien atrás o arriba de ti que observa cada uno de tus movimientos, emociones y pensamientos. Sé tú, pero al mismo tiempo, date cuenta de que eres algo más que tú, que es como si esa matruschca que conoces sólida estuviera cubierta por otra más sutil y es la que te observa.

"Si al principio te cuesta trabajo, te recomiendo dedicarle media hora o una hora de tu día a la meditación. Destina aunque sea unos minutos de tu día al silencio, no sólo auditivo, sino también al visual, olfativo, táctil y gustativo.

"Déjate estar sin estar, deja que tu yo deje de ser y recuerda que sólo se es a través de los sentidos con los que percibes esta dimensión que crees que es. Así que dedica esos instantes cada día para tratar de no ser. Emplea la técnica que quieras, rézale a quien quieras, o no le reces a nadie, prende una vela o no, huele incienso o no, lo único que te pido es que dejes que eso que crees que eres se vaya llenando poco a poco, porque sólo así podrás permitir que la verdadera esencia penetre dentro de ti.

"No importa si los primeros días tu mente juega con tus pensamientos, eso es imposible de evitar, no te resistas, recuerda que lo que más empecinamiento muestra es lo que más persiste".

No crees expectativas porque cosecharás frustaciones...

"No crees expectativas porque cosecharás frustraciones, déjate fluir, así poco a poco el ser dejará de ser para que el verdadero ser penetre en ti.

"Y sobre todo, no dudes, deja ya ese tipo de pensamientos que es la mayor limitante. Cuando dudas bloqueas todo, se genera un caos en tu mente, cuerpo y emociones. Tu ciudad interna se paraliza.

"Si existiera de verdad un pecado capital lo llamaría la duda. Porque a través de ella, si lo analizamos, surgen todos los sufrimientos humanos. Deja entonces de hacerlo, ésa es la llave mágica. Ten conciencia, cada día de tu vida, que la puerta que se abre es la de entender por fin por qué fuimos creados y al mismo tiempo reconocer nuestro gran potencial. Podemos desde él crear lo que queramos para el 2012, 'desde una hecatombe hasta el paraíso en la tierra', sólo es cuestión de elegir desde tu libre albedrío, eso es todo.

"Tú puedes crear ese mundo diferente, deja entonces de creerte poca cosa y reconéctate, no desde el ego de esta dimensión, sino a quien de verdad eres. Entonces encontrarás esa puerta que se abre hacia otro nivel espiritual, hacia el futuro aquí y ahora.

No dudes y reconoce quién eres en verdad

"El día que no dudes y reconozcas de verdad quién eres en verdad, en ese momento tú y todos evolucionaremos hacia el nuevo ser.

"Recuerda: sólo puede ser si usamos mi yo más allá del yo.

"Lograr lo anterior es imprescindible para prepararse para generar el gran cambio evolutivo. Vivir sobre este cuerpo y este ego ayudará mucho a retomar el camino hacia la fuente pero, ¿cómo superar los obstáculos o subir mejor las escaleras hacia el encuentro del otro ser?

"Como en esta dimensión sólo puedes subir un escalón con voluntad y esfuerzo, bajarlo no requiere de ninguno, la decisión es ¿quieres subir o mantener tu aparente ser?"

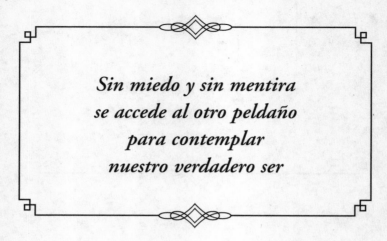

Sin miedo y sin mentira
se accede al otro peldaño
para contemplar
nuestro verdadero ser

Y frente a mi aparecía una escalera que mostraba siete peldaños para llegar al próximo nivel desde donde mi otro ser pudiera contemplar al verdadero ser.

Cada escalón tenía un nombre: Ira, Soberbia, Envidia, Avaricia, Gula, Lujuria y Pereza.

Los peldaño con el nombre de los llamados siete pecados capitales. Desde ahí debería iniciar el ascenso, solo que para dar el primer paso existían dos condiciones: tenía que hacerlo sin miedo y sin mentira.

Ira. ¿Qué es eso que debería superar? Esto no significa olvidar, porque implicaría dejar de recordar mi origen. Mi origen en esta dimensión es la materia. ¿Cómo olvidarla si desde antes, desde mi espíritu, decidí ser materia? La ira existe porque yo existo y lo mismo ocurre con todos los demás, porque si no fuera así, ¿con quién me enojo?, y si yo no existo, ¿quién va a estar enojado? Debe existir la ira por supuesto, ¿cómo resolver una injusticia si no es a través de la ira? La palabra significaba "ir a resolver el problema". Si no puedes hacerlo desde la condición física, si es posible desde la estructura mental para disminuir, desde el pensamiento colectivo, la fuerza que de alguna forma daba estructura a esa injusticia.

Pero existía otra condición, resolverla mediante la observación y no juzgarla. Sólo de esta forma podrás entender su origen y raíz y desde ahí "arrancarla". Sólo así desaparecerá, porque si te involucras, y esto ocurre cuando emites un juicio, es tu ego el trabaja, no aquel que quiere ir hacia arriba. Y ese que desea ascender es tu otro yo más allá de tu yo.

¿Puedo enojarme sin enojarme, gritar sin gritar, sacar toda esa emoción en una explosión de energía? Sí, siempre y cuando sea desde el que observa y que esa emoción sirva, como su nombre lo indica, para mover. Que mueva las ruedas de tu mente y del resto de las mentes para acabar con una injusticia.

Es muy fácil desprenderse de la emoción no coherente, que al activarla en el cuerpo no daña nuestra corporalidad... cuando se trata de una injusticia hacia los demás.

Pero, ¿qué pasa cuando la inequidad nos afecta de manera directa ¿es aquí donde se tienen que utilizar las herramientas: sin miedo y sin mentira, o a la inversa?

Porque cuando te encuentras frente a una situación de ira, primero debemos observar de dónde surgió esa injusticia. Seamos sinceros: ¿no causamos nosotros, de alguna forma, ese problema? ¿Promovimos esa determinada situación en nuestra vida? Por eso es tan importante no mentir a los demás ni a nosotros mismos.

Sólo así veremos fríamente la situación, sólo así encontraremos la fuente y podremos cerrar la llave que la nutre.

Una vez hecho lo anterior, si hay necesidad de cerrarla, lo haremos sin miedo. Así acabaremos con esa injusticia, pero sin mentirnos, porque el engaño impedirá localizar el origen del conflicto.

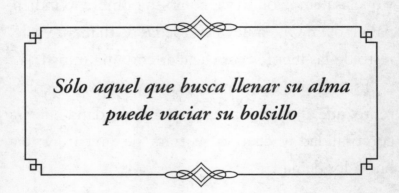

Sólo aquel que busca llenar su alma puede vaciar su bolsillo

Si desde la verdad reconocemos que un alto porcentaje de las injusticias nosotros las provocamos, será fácil acabar con ellas. En ese momento el enojo se irá por sí solo.

Ahora, si la injusticia no la provocamos, al colocarnos desde el observador en el lugar del otro que la cometió, nos dará oportunidad de detectar el origen del problema y desde ahí resolverlo.

Porque no existe nada más grande a los poderes materiales de ego y de control que un pensamiento unificado de Amor incondicional.

Si una mente puede crear, ¿qué harán cientos y miles de ellas que crean una realidad con un solo pensamiento?

Soberbia. Otro escalón nos recuerda que nada podremos lograr si no es con nuestro esfuerzo. Esa idea genera en nosotros una sensación de grandeza y autosuficiencia, siempre que lo observemos sin mentira ni miedo. Sólo con ambas condicionantes nos daremos cuenta que somos en este momento lo que somos. Únicamente a través de miles de millones que han sido, podremos reconocer que nuestras ideas son las de todos, y nuestros logros representan la unión de esfuerzos de todos.

Si reconocemos que somos porque los demás existen, encontraremos cómo deja de fluir esa emoción.

Superar el miedo de nuevo significa desprendernos y aceptar la pérdida de este ser que creemos que somos. De esta forma descubriremos que podemos ser más si dejamos a aquel que cree que ya lo es todo.

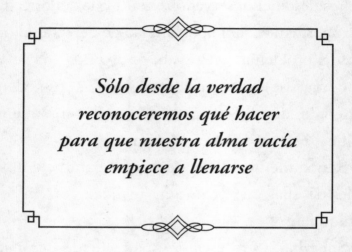

Sólo desde la verdad reconoceremos qué hacer para que nuestra alma vacía empiece a llenarse

Envidia. Esta parte del camino es una de las más difíciles de superar. ¿Cómo compartir lo que con mi esfuerzo logré, cómo convidar a los demás de aquello que es sólo mío? Y de manera paralela, ¿cómo no desear aquello que aparentemente no tengo?

Desde el pensamiento personal no se encuentra la respuesta. Pero si recordamos que somos algo más de esto, observaremos un panorama muy interesante.

Así desde lo material, desde el pensamiento humano, si tienes algo y lo compartes éste se acabará.

"Si comparto mi pan seguramente tendré hambre", pensamos. Pero ¿cuántas veces no compartimos el pan si ya saciamos nuestra hambre?

Si recordamos la frase bíblica "no sólo de pan vive el hombre", reconoceremos el por qué de todo esto. Cuando tenemos mucha riqueza material, no lo compartimos porque, aunque nuestro estómago está lleno, nuestra alma está vacía.

Si reconocemos esto sabremos que el hambre no es material sino espiritual. Pero desde este yo solo nos enseñaron a reconocer el hambre física.

Sólo desde la verdad reconoceremos qué hacer para que nuestra alma vacía empiece a llenarse. Ahora, sólo aquel que busca llenar su alma puede vaciar su bolsillo…y éste puede volverse a llenar.

Así, dejemos de envidiar a los que tienen riquezas y sin mentiras ni miedo, reconozcamos desde el observador porque no tenemos ese caudal nosotros.

Descubriremos que en muchas ocasiones no es nuestra responsabilidad, pero en otras ocasiones, en lugar de llevar el pan al bolsillo, consideramos más cómodo que otro lo hiciera por nosotros. Significa que debemos recobrar el esfuerzo y voluntad, dejar de creer en lo ya aprendido.

Si podemos cambiar la realidad con un pensamiento, la unión de muchos de ellos transformará esta situación y logrará la expansión de la prosperidad, "la repartición de los panes".

Recuerda: tal vez muchos con riqueza no quieran dar el pan, pero también existen otros que pueden decir a qué sabe realmente.

¿De qué te sirve tener pan si ignoras su sabor? Sólo en conciencia disfrutarás en verdad de ese producto de trigo, solo así te llenará y una vez que estés satisfecho lo podrás compartir.

Recuerda que no te deben dar el pan, todos lo podemos conseguir. Así, deja de esperar a que te lo den, y sin miedo y sin auto mentirte, reconoce en ti el poder para conseguirlo. Sólo entonces, con el estómago lleno, podrás reconocer el hambre de conciencia.

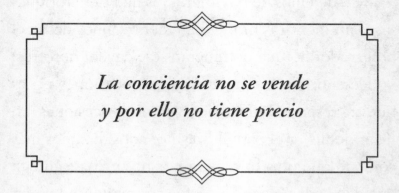

La conciencia no se vende
y por ello no tiene precio

Avaricia. Tengo y cada vez quiero tener más. ¡Qué maravilloso es este pensamiento! pero ¿qué es lo que quiero tener, más de lo mismo y más de lo que puedo comprar?

La conciencia no se vende y por ello no tiene precio. Tal vez buscamos todo lo demás en el mercado de la vida, pero ¿cuántas veces tratamos de encontrar conciencia? Casi siempre nuestras necesidades humanas tratan de llenar nuestra canasta de mayores bienes materiales, de más ego, de incrementar el poder. Pocas veces nos fijamos en el anaquel de la conciencia, porque si algo debemos querer más, sería eso.

Si te llenas de todo y a final de cuentas no tienes nada, y esa nada es la falta de conciencia, ¿qué sucedería si quieres tener más de ella? ¡Qué bueno! porque esa se derramaría de tu copa y empezaría a llenar las de los demás.

Sólo el amor en conciencia se puede compartir, sólo el pan en conciencia se puede convidar, sólo el poder en conciencia puede servir, porque la inconsciencia llena las arcas de la mayoría de los seres humanos. Abramos entonces las puertas de ese baúl de inconsciencia para que al vaciarse se llene de conciencia.

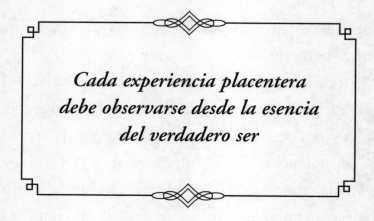

*Cada experiencia placentera
debe observarse desde la esencia
del verdadero ser*

Gula. Qué rico todo aquello que nos hace sentir bien, que deleita a nuestros sentidos en esta realidad. Ojalá cada vez tuviéramos más gula con conciencia. Si decidimos desde el alma experimentar este vivir humano, ¿por qué entonces no deleitarnos de verdad con esta existencia?

En esta experiencia física, ésta viene a vivir la dualidad, no puede existir la belleza si no conociéramos la fealdad, no puede existir un aroma delicioso si no lo comparamos con otro nauseabundo. No podemos degustar lo dulce si no existe lo salado, reconocer la suavidad sin la aspereza o la armonía del sonido si no escucháramos al ruido.

Pero ¿de verdad disfrutamos esta experiencia humana en conciencia o sólo nos dejamos llevar por lo que nos dijeron que era lo mejor y nos adaptamos a los parámetros establecidos por otros?

Si un paisaje lo contemplas desde la gula de verlo para saber lo que los demás dijeron que deberías de sentir, nunca experimentaras el verdadero placer.

Si comes porque tienes que sobrevivir o si sobrevives para gozar la experiencia de degustar está bien, porque el exceso como tal desaparecerá, porque desde el otro yo sabes que no importa la cantidad, es la calidad de conciencia lo que llevamos a nuestra boca, lo que nos da la razón maravillosa para comer.

Y así, cada experiencia placentera debe observarse desde la esencia del verdadero ser, para que así le des una razón a esta existencia humana.

Puedes comer, beber, hacer lo que te guste hacer. Si lo haces desde el verdadero ser, sólo llevarás a tu corporalidad lo necesario para satisfacer el sentido por el cual tu espíritu decidió experimentar esta dimensión.

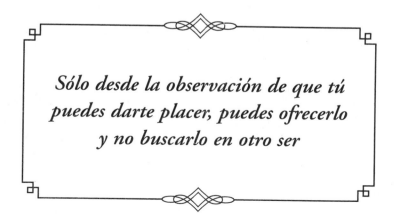

Sólo desde la observación de que tú puedes darte placer, puedes ofrecerlo y no buscarlo en otro ser

Lujuria. Que lujo representa traspasar este escalón hacia el Ser siempre que sea tu verdadero ser el que quiere experimentarlo, porque si sólo es para satisfacer al yo que ya conocemos, nunca podrás disfrutar la lujuria y quedarás atrapado en el pensamiento de lo que creíste o te hicieron creer que era.

Sólo desde la observación de que tú puedes darte placer, puedes ofrecerlo y no buscarlo en otro ser. En esa satisfacción personal total, puedes darlo a alguien más si lo deseas.

Encontrar la felicidad total en la lujuria implica creer erróneamente que la existencia del otro determina el que yo viva. Esa lujuria no sólo es carnal, es de pensamiento, palabra y obra.

El deseo está escondido en la experiencia dual porque así lo creímos, pero alguien, por más que quieras, no puede experimentar tu placer como tu tampoco puedes sentir el del otro. Si buscamos que lo de afuera nos complazca jamás encontraremos el placer, porque nuestra mente y nuestra emoción estarán atadas a algo que un día no existirá, porque todo lo que es de esta dimensión se acaba.

Sin embargo, aquel que se deleita desde su otro ser, toma conciencia que si decidió vivir era porque no es real, es sólo una experiencia. Como tal hay que vivirla, pero si no lo haces en conciencia, regresarás de nuevo a tratar de hacerlo.

Pereza. El último escalón de esta primera prueba que necesitamos para que desaparezca de nosotros la apatía y ascendamos hacia el ser, es vencer la pereza. Algunas veces nos preguntamos, ¿por qué no logramos algo? No es por falta de recursos o de dones. En el noventa por ciento de los casos fue por pereza. Es más fácil el no hacer.

No obstante, si optamos por esta comodidad, pasaremos el resto de esta existencia con el pensamiento de "Tal vez mañana lo haré. ¿Debe sucedernos algo en la vida que nos saque de ese aparente confort, y que a fuerza de situaciones desagradables nos despierte?

Desde nuestro libre albedrío debemos decidir si queremos despertar por nosotros mismos como cada mañana, cuando nuestra conciencia toma la percepción de esta realidad, o necesitaremos de un molesto despertador que nos saque de la ensoñación y la pereza para despertarnos.

En nosotros está la decisión, pero debemos estar seguros que vale la pena despojarnos de la apatía de miles de años. Si dudamos en que de verdad existe otra posibilidad de existencia humana, siempre cuestionaremos y dudaremos para hacerlo.

Es más fácil seguir con la corriente que remontarla como el salmón, pues se requiere esfuerzo y voluntad, los factores más importantes para el gran despertar.

Muchos esperan que el resto cambie para que ellos lo hagan en automático, pero está en nosotros decidir si nacimos para ser espectadores o actores y autores del Gran Cambio.

Si crees que con sólo cambiar tú, puedes cambiar al resto, entonces es el momento de despertar, de sacudirte la pereza y con esfuerzo, voluntad, sin miedo y sin mentiras llega a ese último escalón para que desde ahí, desde esa otra percepción de tu yo, te des cuenta que estamos aquí para algo más que estar.

EL ENSUEÑO

*D*e nuevo estoy ahí, en la gran bóveda, rodeado de luces y los pensamientos de grandes seres. No sé si estoy o no estoy. No importa. En este estado de auto contemplación no son los egos los que mantiene el orden de los pensamientos y las ideas, en este estado dimensional lo único que importa es la unidad del pensamiento. Es como cuando dentro de nuestro cerebro, a nivel físico, se crea determinada idea. Ésta no surge de una sola neurona, es la unión de todas ellas para que pueda suceder. Dentro de nuestro cerebro y células, no existe la dualidad. Si le preguntáramos a cada una de ellas si son independientes, nos contestarían con un rotundo no. Todas trabajan en equipo como una sola, comparten la información de ADN con las demás para que el todo de este cuerpo de Luis funcione.

Cuando se rompe esa unión, cuando de alguna forma ya no existe armonía entre ellas, aparece la enfermedad.

¿Aparece o nosotros facilitamos que este desorden ocurra desde las emociones no coherentes, de donde vienen éstas, por qué es tan difícil trascenderlas en esta vivencia humana?

En ese momento, como respuesta, la maravillosa bóveda orgánica comenzó a llenarse con millones de luces naranjas y poco a poco contemplé, como si se tratara de un gran archivo, miles de anotaciones grabadas en esa enorme biblioteca de la vida.

¿POR QUÉ REACCIONAMOS?

Toda reacción corresponde a una acción pasada, nada puede contemplarse con la percepción de la emoción porque cada alma decidió vivir esta realidad humana. En este libre albedrío, cada emoción, aunque pareciera igual, es diferente en cada individuo.

Cada suceso en nuestras vidas y de aquellos con los que compartimos herencia física, de alguna forma colaboraron para crear esa gran biblioteca, ese gran disco duro dentro de nuestra percepción de esta realidad aparente. Es imposible comprender desde nuestros lentes azules por qué el que los tiene rojos ve el mundo diferente.

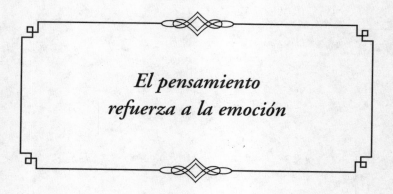

El pensamiento refuerza a la emoción

La percepción a través de esos acontecimientos creó en cada una de nuestras células esa memoria o reacción emocional. Por eso resulta tan difícil resolver desde la razón un problema cuántico, porque esas emociones están grabadas a nivel de ADN en nuestras células. Así, sólo desde la vibración podemos repararlo.

Cuando reaccionamos emocionalmente, producimos una serie de reacciones químicas y físicas que crean un campo energético que afecta al orgánico. Esto ocurre porque el pensamiento refuerza a la emoción y ésta queda grabada para siempre en nuestro disco duro. Así nuestra percepción y reacción ante la realidad estará condicionada a lo que nuestro disco duro tenga grabado.

Somos, a final de cuentas, esclavos de nuestras emociones no coherentes, porque es desde la mente donde las observamos. Estamos condicionados a que sólo la mente o el ego es lo que existe. Cuando aparece una situación similar, no es nuestro espíritu la que lo observa, es nuestra mente condicionada por nuestro disco duro del pasado la que mira la aparente realidad de ese instante.

Para desaparecer el archivo de esa biblioteca y aquellos datos o libros que no son útiles para vivir en armonía, recordemos que noventa por ciento de nuestros pensamientos están creados desde esa posibilidad. Porque todo es real si lo analizamos desde nuestros pensamientos. Estos no están dictados por la razón. Es la sin razón de la emoción no coherente la que les da forma, así de primitivo es esa parte de nuestro cerebro.

Esa zona tan básica de nuestro cerebro es lo que nos dirige casi todo el tiempo. Esa pequeña zona del hipocampo, en donde se encuentran todas nuestras experiencias, es la determinante.

Durante muchos años se trató de corregir este tipo de condicionamiento humano, e igual que emociones no coherentes existen en nuestro disco duro, tal vez ese mismo número de terapias desde la Psicología, Psiquiatría, chamanismo, brujería, Psicología transpersonal ...en fin, son muchísimas las metodologías con las que se ha tratado de corregir lo anterior.

Si analizamos que nuestros pensamientos no son más que vibraciones de energía, las terapias que parten sobre ese mismo esquema serán las únicas que puedan librarnos o "recetear", por llamarlo de alguna forma, nuestro disco duro y por fin dejar atrás todos los recuerdos y experiencias que nos enganchan a una vida llena de miedo y sufrimientos.

Terapias como *resonance repating* son las más adecuadas, porque parten de un proceso cuántico de pensamiento y mediante la respuesta muscular y celular del afectado indican el patrón que se debe resolver.

Ésta, como todas aquellas terapias que partan desde este principio, serán las únicas que nos ayudarán a liberarnos de ese archivo lleno de miedo y sufrimiento, que nos hacen infelices y enferman. Sin olvidar que esta vibración tan baja impedirá nuestra evolución del ser.

EL SEXO

> *La experiencia sexual*
> *puede llevarnos a estados*
> *de alta conexión*

En ese mismo nivel donde las luces naranjas llenan la bóveda del gran universo que somos cada uno de nosotros, aparece también uno de los grandes tabús y barreras en la evolución humana. El sexo. Algo tan maravilloso, durante miles de años se cataloga como pecado, e incide en la mayoría de nuestros problemas.

Respirar, comer, hidratarnos es indispensable para la supervivencia del *homo sapiens*. Sin embargo, tal vez igual de importante es la sexualidad.

Sin ella no existiríamos como especie animal, porque al menos en los últimos 100 000 años es la única forma que conocemos de reproducirnos.

¿Qué pasa cuando el sexo pierde todo el concepto de maldad o pecado, qué sucede cuando se entiende que puede experimentarse con el mismo gozo y placer que contemplar un atardecer o tomar en nuestros brazos a un pequeño?

¿Qué sucede cuando cada célula vibra en la más alta vibración y después le sigue la aparente muerte? Es algo tan maravilloso que posiblemente por eso se le ha tenido encarcelado y rodeado de culpa.

La experiencia sexual es tan fuerte que puede llevarnos a estados de alta conexión con algo más allá de estos paradigmas. Son instantes significativos, que permiten vivir el cielo en la tierra.

Imagina cuan pronto caerían los dogmas y el poderío sobre este planeta, si con una experiencia en conciencia de este tipo te acercaras directamente a la Gran Mente a la Gran Vibración a la Armonía Total del Universo.

Algo tan bueno en nuestro condicionamiento humano de dualidad, presupone falsamente que debe tener una sombra esa luz increíble. En los próximos años todo esto cambiará, porque no dejara de existir pero será desde la conciencia. Entonces comprenderemos la gran diferencia entre el sexo inconsciente y el sexo con conciencia.

Era increíble. Las palabras no podían describir ese espacio donde me encontraba. Las luces, los colores, el percibir la sabiduría de los grandes maestros, todo era como un estado de completa felicidad y armonía. Las ideas llegaban como torrentes de sabiduría a mi entendimiento, no me preocupaba por discernir de cual o tal maestro provenían, porque por fin había entendido que en ese estado dimensional la dualidad no existe y como tal, el ego que conocemos desaparece.

Muchas veces me preguntaron el nombre del maestro con el que había contactado en el libro anterior, algunas veces di el nombre. Sin embargo, en la mayoría de las ocasiones contestaba que era lo menos importante, porque en ese gran conocimiento no debe ni puede existir la dualidad. Respeto todas las creencias, pero ahora queda claro que para penetrar y comprender la otra dimensión, debemos liberarnos de nuestro pensamiento lineal dual. Entiendo que lo menos importante es dar uno o más nombres.

¿Nuestro cerebro solo puede tener un pensamiento? Si así fuera sólo tendríamos uno toda la vida. De igual forma es imposible el pensar que únicamente podemos conectarnos con los pensamientos de uno o dos grandes maestros. De ser así nuestro conocimiento sería muy limitado y restringido a aquello que debemos aprender.

Dentro de ese espacio luminoso percibía eso y todas las ideas penetraban en mi mente.

LA VOLUNTAD

Transformar lo ya formado
es lo más bello que podamos vivir
en esta dimensión

as luces naranjas se tornaron paulatinamente de un color amarillo intenso y la
atmósfera se llenó de una fuerza increíble.
La sensación era análoga al calor que despide el
fuego y todo lo transforma. La luz me transmitía
una voluntad inquebrantable, la determinación por
lograr lo imposible. Se trataba de una vivencia tan

clara que entendía que todo es posible, sólo es cuestión de creerlo y mediante la voluntad crearlo.

Transformar lo ya formado es lo más bello que podamos vivir en esta dimensión. Lo mismo posiblemente pensó Miguel Ángel cuando de una pieza de mármol ya formada la convirtió en el Moisés.

La luz amarilla hablaba del gran potencial transformador que hay en cada uno de nosotros, y que pocas veces reconocemos. Así volvemos a nuestra creencia de ser poca cosa y no poder alcanzar las estrellas.

Todos y cada uno de los maestros que existieron en la antigüedad se cansaron de decirnos lo mismo: "Lo que yo puedo hacer lo puedes hacer tú". ¿Dónde no entendimos o nos equivocamos? ¿Acaso alguien nos hizo creer lo contrario para no despertar al León dormido que tenemos dentro de nosotros?

Lo que percibía era un mensaje como una sola voz de la gran sabiduría de todos ellos que gritaban al unísono: ¡Despierten. El Gran Momento ha llegado. Reconozcan su potencial e inicien el camino hacia el Gran Despertar de Conciencia. Sólo se les pide Voluntad!"

La sensación que experimentaba era de gran energía en todo mi cuerpo, como si esos colores básicos inundaran cada célula de mi corporalidad y la cargaran hasta el máximo de alta vibración.

EL CORAZÓN

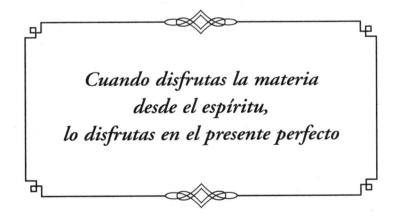

Cuando disfrutas la materia
desde el espíritu,
lo disfrutas en el presente perfecto

Una gran paz se adueñó entonces del entorno. La bóveda por completo se estremecía en un vaivén cadencioso, era como si se expandiera y contrajera de forma simultánea. Estaba dentro, muy dentro de mí. Insólitamente no podía hablar de oscuridad: era sólo como un color verde fluorescente el que daba tonalidades. Esa era la sensación: contraer, soltar, contraer... cada pensamiento en mi mente era así, un vaivén continuo. Entonces comprendí que estaba precisamente en el centro de esa gran caverna de conocimiento. Ese centro era el corazón, la esencia o unión del todo. Sólo desde esa parte podríamos unir los dos triángulos: aquel que compone toda nuestra energía física y el que conecta con nuestra espiritualidad.

Ese centro mostraba que sólo la unión de lo que creo que soy con lo que sé, pero desconozco que soy, es el camino para ingresar en esas nuevas dimensiones de conciencia.

Durante muchos años creímos que sólo uno de los dos caminos nos llevaría a un nuevo potencial. Algunos creyeron que solamente lo material era importante. Durante miles de años todo su esfuerzo y voluntad fue para almacenar riqueza y poder. Otros, por el contrario, se cobijaron exclusivamente con la vestimenta de la espiritualidad, y con él cómodamente olvidaron la experiencia corporal humana. ¿Pero de verdad tenía que ser de esta manera, no podrían unirse, no podría el ser humano percibir y disfrutar todos los gozos materiales y al mismo tiempo vivir cada día y cada momento la espiritualidad?

Imaginemos, como diría Osho, ese ser humano que disfruta lo material como Zorba, y al mismo tiempo es el Buda conectado con la espiritualidad.

Cuando disfrutas la materia desde el espíritu, la disfrutas en el presente perfecto, cuando existes en el presente perfecto desaparecen los miedos de la pérdida y por lo mismo del apego.

Cuando sucede lo anterior, no deseas más que lo que tienes en el momento, porque sabes que pase lo que pase, nunca será igual lo que venga. Entonces ¿por qué querer más, o acaso puedes disfrutar al mismo instante de dos platillos a la vez? ¡Imposible! sólo puedes realizarlo plenamente en conciencia de uno en uno. De no ser así, seguramente te atragantarás. Eso es lo que nos sucede a la mayoría: nos atragantamos de la vida en lugar de gozarla cuando vemos que se acaba. Al final nunca supimos disfrutar esta existencia en plena conciencia.

Esa bóveda me enseñaba precisamente eso, si viviéramos conectados cada instante de nuestra vida a nuestro corazón, sus latidos resonarían en cada uno de nuestros pensamientos recordándonos que debemos vivir el presente.

LA ESPIRITUALIDAD

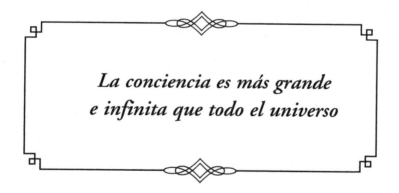

La conciencia es más grande
e infinita que todo el universo

Y así, en ese presente, se abrieron ante mi otros arbotantes: una azul claro y brillante, otra azul índigo y una tercera de tonos violeta. Una por una, y al mismo tiempo las tres en una, generaban una belleza infinita. Comprendí entonces que penetraba a un estado dimensional diferente, donde la materia como tal no existía, sólo la vibración estaba presente y como tal podía interconectarse y existir al mismo tiempo.

Ahora puedo disfrutar de un paisaje mientras escucho una dulce música y entonar un canto de amor al universo en ese mismo instante, porque todo lo que veo, todo lo que escucho y lo que comunico con mi voz, no son más que frecuencias vibratorias.

En ellas no existe el ego de la materia, en ellas desaparece el apego, se carece de dualidad, porque pueden coincidir y pueden complementarse, porque son al mismo tiempo y dejar de ser en un instante.

¿Eso es el espíritu, eso es penetrar en otra dimensión o vivir el cielo en la tierra?

No sé, pero, ¿qué pasaría si esta realidad la percibiéramos con los ojos del espíritu, aquel que no juzga solo observa, qué ocurriría si escucháramos con los oídos del corazón y no de la razón, qué acontecería si habláramos sólo para alabar y no para descartar?

Creo que en ese instante la vibración de cada una de nuestras células aumentaría tanto que lograríamos integrarnos con el todo, y desde él podríamos ingresar en la nada y ella a su vez podría contener al Todo.

Porque finalmente, todo lo que existe no tendría sentido si no existiéramos. ¿Para qué tener un universo infinito si no hay quien lo contemple y se maraville ante él?

No somos más que un grano de arena en la magnificencia del Universo, pero somos al mismo tiempo un grano de arena que sabe que es un grano de arena. Y sólo la conciencia puede ser más grande e infinita que todo el Universo.

¿LA REALIDAD?

$\mathcal{C}$on este pensamiento de pronto volví a percibirme como esencia, mi cuerpo físico retomó su existencia, y mi mente de nuevo perturbada me preguntaba, ¿fue un sueño o una realidad?

Entendí que esa pregunta jamás debería volver a cruzarse en mi camino. No más dudas. No más explicaciones. Lo único real es aquello que existe muy dentro de nosotros. Eso que no es lo que perciben nuestros sentidos. Lo que nos han enseñado, no es lo que nos han hecho creer.

La única verdad es que somos mucho más de lo que en verdad creemos ser. Cuando lo entendamos en su totalidad, penetraremos en ese estado de plenitud total.

La realidad de todos los días apareció de repente. Sin embargo era diferente, porque ya no era el que siempre la observaba. Era alguien más, ese que siendo yo sabe quién soy yo en verdad.

Fue un viaje donde comprendí que no existía ningún medio de transporte conocido que pueda llevarnos a donde tuve el placer de llegar: ese lugar que parece tan lejano e inalcanzable, pero que al mismo tiempo está tan cerca que no lo podemos observar.

Entendí que viajé a mi interior, pero no fue como ese viaje de las películas, en donde colocan una nave microscópica en tu torrente sanguíneo y así los tripulantes pueden observar tu cuerpo material.

No. Este recorrido no fue a la materia como tal. Aquí transité por cada uno de mis centros energéticos, para al final penetrar más allá de la energía y convivir con la nada en el todo.

¿Por qué entonces insistimos en que la ayuda y la respuesta debe estar fuera, qué no existe dentro de cada uno de nosotros ese potencial más grande que el universo?

Dejemos entonces de otorgarle nuestro poder a alguien más, no hay nadie mejor que tú porque sólo tú eres consciente de ti. Nadie puede pensar por ti. Nadie puede disfrutar por ti. Y nadie, desgraciadamente, puede experimentar un dolor por ti.

¿Entonces eres tú el que está viviendo esta realidad o de nuevo son los otros los que te dicen cómo percibirla?

Recuerda: lo más grande del Universo, aquel como quieras llamarlo o no nombrarlo, aquel o ese algo que todo lo creo, te dio lo más importante: Libre albedrío. Entonces, ¿cómo renuncias al máximo regalo que el Creador te ha dado?

Emplea ese presente para vivir de nuevo este instante, para reconocer quién eres y recrearte en un nuevo ser, porque sólo cuando cada uno de nosotros se recree, podemos cambiar lo que nos rodea.

LO QUE SIGUE

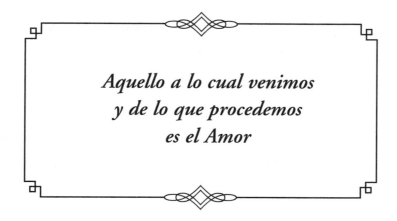

Aquello a lo cual venimos
y de lo que procedemos
es el Amor

El camino rumbo al 2012 ya empezó. No hay que esperar la meta. De nada sirve ésta si no existe un camino, disfruta del sendero para que te regocijes cuando alcances el objetivo.

Hay muchas herramientas que te ayudarán a recorrer el camino, pero recuerda que cualquiera de ellas debe ser coherente.

Esto significa que vamos hacia la herencia, hacia aquello a lo cual venimos y ese o eso de lo que procedemos no puede ser otra cosa que Amor, así que cuando te preguntes si tal o cual disciplina, si tal o cual credo, si tal o cual enseñanza son las indicadas, pregúntale exclusivamente a tu corazón, porque sólo él; no tu mente, no tu ego, no un amigo, no un maestro, sólo él te dará la respuesta.

Cada vez veo más cercano el día como hablaba en el libro anterior, que surja la nueva religión, esa que una todos los dogmas, enseñanzas y egos materiales y espirituales.

LA RELIGIÓN
DEL AMOR

> *No esperes el cambio.*
> *Sé parte de él*

Muy pronto verás cómo se unirán católico, judíos, musulmanes, budistas, hindúes, jaimistas… todas las corrientes religiosas harán un solo frente común rumbo al Gran Cambio, porque fueron los hombres y las instituciones las que separaron las religiones, porque todas son sólo una, la que te habla y se escucha desde el corazón.

No esperes el cambio. Sé parte de él. Atrévete a rezar un Padre Nuestro en una sinagoga, entona un mantra budista en una iglesia cristiana. Atrévete. Esa es la palabra. ¿o acaso es pecado hablar inglés, francés o alemán si tu idioma materno es el español?

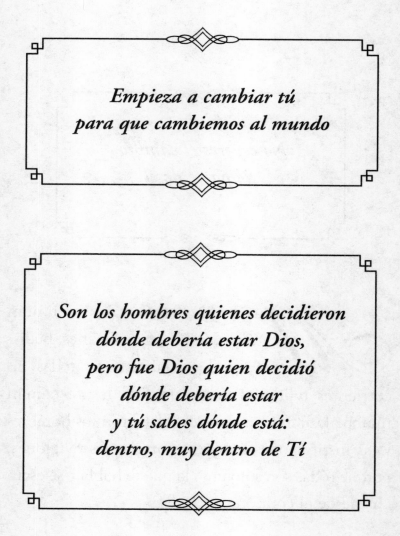

Empieza a cambiar tú
para que cambiemos al mundo

Son los hombres quienes decidieron
dónde debería estar Dios,
pero fue Dios quien decidió
dónde debería estar
y tú sabes dónde está:
dentro, muy dentro de Tí

Fomenta en cada instante de tu vida esta nueva religión, que al mismo tiempo es tan vieja como el Universo mismo, se tú el promotor de la misma, promuévela mediante el Amor incondicional. Sé actor, no espectador del cambio.

Muchas personas me preguntan: ¿Cómo ayudar al cambio? No puede existir mejor ayuda que ser parte del cambio. Empieza a cambiar tú para que cambiemos al mundo.

Crea dentro de ti esa nueva religión, porque podrás asistir a un templo y regocijarte dentro de él. Ahora imagina que llevas dentro de ti ese templo como lo habían mencionado los grandes maestros. Cada instante de tu vida será entonces un momento sagrado, y desde lo sagrado no puedes dañarte a ti ni a nadie.

Penetra a un templo. Percibe su alta vibración. Reza. Medita. Haz lo que tu corazón te diga, pero al salir continua en ese mismo estado, porque sólo mediante la alta vibración podremos estar listos para el gran cambio, porque no es el que viviremos, sino el que ya experimentamos.

Me tocó en este instante de vida colocar en letras lo que ya muchos saben y lo que muchos me han enseñado. No hay nada nuevo bajo el sol. Unos escribimos, otros oramos, otros meditamos, otros vivimos en armonía… todos somos importantes, lo único real es no perder la meta, no importa el camino.

La meta aparentemente es el 2012, pero recuerda la real es la evolución del ser humano y esa es vivir el cielo en la tierra. En otras palabras, vivir esta tercera desde la quinta dimensión.

Creo que una forma de lograrlo es "Amando sin querer que me quieran es vivir el cielo en la tierra".

Como mencionaba en el libro anterior, somos un grupo de trabajo por la consciencia unidos desde hace más de 10 años. Este libro no es sino la síntesis de nuestras ideas. Si quieres contactarnos puedes hacerlo cuando quieras. Cada uno dentro de su ramo estará listo para ayudarte.

Basados en estudios de laboratorio de neuro-ciencias, se comprobó que cuando un cerebro puede producir voluntariamente una vibración u onda gama, el otro cerebro que la percibe entra en lo que se llama un estado de hipersincronía cerebral, algo similar a lo que se llama *Samadi*, iluminación o estado de gracia.

Desde la ciencia es cuando tus dos hemisferios cerebrales trabajan al mismo tiempo en gran sincronía.

Otro tipo de estudios desde la genética avanzada demostraron que con el empleo diario de vibraciones u ondas Gama se alargó la supervivencia de nuestra corporalidad, en algunos casos hasta 30 años.

Te invitamos a usarlas y si tienes dudas contáctanos.

Para contactar al autor:

ortizoscoy@hotmail.com

Para todos aquellos que quieran más información sobre las terapias que se hablan en el libro y las herramientas para el gran cambio serían.

www.oscoy2012.com
www.casatlama.com

Un beso desde el corazón
y en espera de tus comentarios

Oscoy

ÍNDICE

Viaje sagrado, de Luis Ortíz Oscoy
se terminó de imprimir en septiembre de 2009 en
Gráficas Monte Albán, S.A. de C.V.
Fracc. Agro Industrial La Cruz
El Marqués, Querétaro
México